中学数学新课程教学法研究

张福梅　黄诚瑾　刘健 ◎ 著

线装书局

图书在版编目（CIP）数据

中学数学新课程教学法研究/张福梅，黄诚瑾，刘健著．--北京：线装书局，2023.8
ISBN 978-7-5120-5629-9

Ⅰ.①中… Ⅱ.①张… ②黄… ③刘… Ⅲ.①中学数学课－教学法－研究 Ⅳ.①G633.602

中国国家版本馆 CIP 数据核字（2023）第 163300 号

中学数学新课程教学法研究
ZHONGXUE SHUXUE XINKECHENG JIAOXUEFA YANJIU

作　　者：	张福梅　黄诚瑾　刘　健
责任编辑：	林　菲
出版发行：	线装書局
地　　址：	北京市丰台区方庄日月天地大厦 B 座 17 层（100078）
电　　话：	010-58077126（发行部）010-58076938（总编室）
网　　址：	www.zgxzsj.com
经　　销：	新华书店
印　　制：	北京四海锦诚印刷技术有限公司
开　　本：	787mm×1092mm　1/16
印　　张：	10.25
字　　数：	212 千字
版　　次：	2024 年 4 月第 1 版第 1 次印刷
定　　价：	78.00 元

线装书局官方微信

前　言

　　全面推进素质教育，是当前我国现代化建设的一项紧迫任务，是我国教育事业的一场深刻变革，是教育思想和人才培养模式的重大进步。随着科技的进步、生产的发展，教育在社会发展的各个领域内已经发挥并将进一步发挥巨大的作用，这使教师在社会发展中的作用越来越大。随之而来的是对教师素质与能力的要求越来越高，特别是新一轮基础教育课程改革的不断深入，对教师提出了更高的要求。为了顺应这样的教学趋势，中学数学教学也进行了深层次的改革，彻底转变了传统的教学模式，开始对学生的数学学习能力进行综合有效的培养，并且着重对学生数学学习方法进行培养，使学生的数学思维得到了实际的拓展，整体的学习质量也有了很大程度的提升。

　　基于此，笔者撰写了《中学数学新课程教学法研究》一书，在内容编排上共设置六章，第一章作为本书论述的基础与前提，分析中学数学教育理论依据、中学数学教学原则、新课程与中学数学教学、中学数学教学法的特点；第二章探讨新课程背景下中学数学教学思维，内容涵盖思维与中学数学教学的关系、中学数学教学与思维导向、中学生数学思维能力的培养、数学新课程教学中学生思维的激发；第三、四、五、六章从实践出发，分别研究新课程背景下中学数学教学设计、教学技能、教学模式、教学方法。

　　本书体现先进理念，注意对问题研究的导引，具有针对性和实用性。另外，本书力求运用现代数学教育学领域先进的理论及观点，引导读者深刻地领会新课程所倡导的精神和理念，多角度地对新课程实施中的若干理论和实践问题进行研讨，不仅使读者对研究的问题有所思考，而且希望对研究问题的思路和方法能有所感悟。旨在更好地满足中学数学新课程实践的实际需求，提供较为直接的可供使用的参考资料，使本书成为教师、师范院校数学专业学生以及研究人员的有力助手。

　　由于编者水平有限，时间仓促，本书难免有些缺点和不足，但我们为教育事业做一些贡献的迫切心情，望同人们能够理解。我们真诚地欢迎读者提出宝贵意见，以期本书在新课程改革中发挥更大作用。

编者

2023 年 8 月

目 录

第一章 绪论 ·· 1
 第一节 中学数学教育理论依据 ·· 1
 第二节 中学数学教学原则 ·· 10
 第三节 新课程与中学数学教学 ·· 14
 第四节 中学数学教学法的特点 ·· 17

第二章 新课程背景下中学数学教学思维 ·· 21
 第一节 思维与中学数学教学的关系 ··· 21
 第二节 中学数学教学与思维导向 ·· 22
 第三节 中学生数学思维能力的培养 ··· 30
 第四节 数学新课程教学中学生思维的激发 ·· 49

第三章 新课程背景下中学数学教学设计 ·· 51
 第一节 中学数学的教学目标设计 ·· 51
 第二节 中学数学的教学过程设计 ·· 53
 第三节 中学数学的教学评价设计 ·· 62
 第四节 新课程背景下中学数学游戏化教学设计 ···································· 68

第四章 新课程背景下中学数学教学技能 ·· 71
 第一节 中学数学教学的课堂导入技能 ·· 71
 第二节 中学数学教学的课堂语言技能 ·· 74
 第三节 中学数学教学的课堂提问技能 ·· 79
 第四节 新课程背景下数学课堂有效性提升技能 ···································· 85

第五章 新课程背景下中学数学教学模式 … 88

第一节 中学数学教学的翻转课堂模式 … 88
第二节 中学数学教学的深度教学模式 … 101
第三节 中学数学教学的双导双学模式 … 127
第四节 新课程背景下中学数学教学的情境模式 … 137

第六章 新课程背景下中学数学教学方法 … 139

第一节 中学数学教学方法的具体选择 … 139
第二节 中学数学教学的常用方法 … 140
第三节 中学数学教学方法的学生学习方法 … 145
第四节 新课程背景下中学数学高效课堂教学方法 … 153

参考文献 … 156

第一章　绪论

第一节　中学数学教育理论依据

一、中学数学教育的教学认识论

（一）教学认识论的来源

教学认识论是中国20世纪80年代形成的教学理论观点，主要代表人物是王策三先生，他对教学认识论的完整论述体现在其主编的《教学认识论》一书中。教学认识论在倡导以促进学生发展为教学目标的基础上，提出学生是学习活动的主体，极力摒弃单一化的教学模式，积极提倡丰富多样的教学模式。

教学认识论是在对教学本质的追问中产生的，该理论认为：教学活动在本质上是人的认识活动，其不同于一般的认识过程，是以学生为认识主体的特殊认识过程。教学认识的客体以间接经验为主，这类对象性客体是教育者根据教学认识的目标，按照一定的原则选择、建构而成的人类知识经验的特殊系统，即教学内容，这些内容是关于客体的属性及规律的科学知识，是关于活动，尤其是认识活动的科学方法、道德与审美关系以及与活动相联系的价值经验等。在教学认识中还存在工具性客体，是表现、再现对象性客体的形式、手段或载体，即教材、教具等教学媒体。

（二）教学认识论的特性

教学认识论有两个基本特性：有教师、以间接经验为主。有教师，强调了教师在教学活动中的地位是不可或缺的，学生要在教师的引导下进行系统的学习。教师在教学过程中处于主导地位，教师负责依据教育方针政策把握教学方向，教师也被赋予了权利，依据教学内容及学生情况来选择教学的方法，也就是决定学生认识的途径。以间接经验为主，是指学生在教学认识的过程中，主要以间接经验为学习内容。在教学中，间接经验以固定知识的形式存在于教材之中，形成系统的科学文化知识。

（三）教学认识论的方式

教学认识的方式指教学过程中学生认识活动存在的形式、结构及发展阶段。教学认识的主要方式是掌握，学生通过掌握教学内容获得认识的发展，学生通过接受式学习和掌握式学习两种具体的认识活动形态来实现对知识的掌握。在教学认识过程中，学生需要经历从感性认识到理性认识、从具体到抽象、从抽象到思维的具体的发展过程。教学认识的特点体现为由教师传授到学生接受的过程中，伴随着观察、实验和实践活动，促使学生发现和探索。

（四）教学认识的社会性

教学认识具有明显的社会性[①]，教学认识来源于人类社会发展，它是人类生存和发展的重要文化传递机制；具体的教学认识活动一直保留着深刻的时代印记，蕴含着深厚的历史背景和文化特性；教学认识活动中有着复杂多样的社会关系，具有独特的社会结构和社会规范；教师和学生都是具有特定社会历史联系的个体，学生认识的内容和学生发展的程度受制于宏观的人类社会历史发展规律。

（五）教学认识论的"以学生为中心"

教学认识论并没有明确提出"以学生为中心"的观点，但是在其理论结构中，确有将学生的地位提升的内容，具体体现在以下方面．

1. 教学认识的学生主体分析

在教学认识活动中，学生是认识的主体，教学认识是学生的个人活动，具有特殊性，对特殊性的提出考虑到了学生心智未成熟，属于未成年人，因此教学认识活动应当由教师指导，进行有组织的、多样综合的认识活动。同时，教学认识论提到了学生作为认识的主体具有主观能动性，在认识活动中应当充分考虑学生主观能动性的发挥。

2. 学生主体涵盖的结构要素

智力因素、非智力因素、思想品德因素、身体因素和知识结构是存在于学生身上的结构要素，这些要素对教学有着重要的影响，对这些要素的关注体现了对学生的关注，承认学生的认识活动即学习受到以上要素的影响是教学认识论学生观、学习观的进步。在非智力因素中，教学认识论关注了学习动机的存在，学习动机的引发、定向及情绪调整能够帮助学生改善学习，这改变了以往填鸭式的教学方式，是对学习主体的尊重。可见，教学认识论不只重视认识活动的过程本身，还考虑到了学生的情意活动和价值体悟，强调了智力因素与非智力因素的相互协调与促进。

（六）教学认识论与课堂教学模式

教学认识论认为，由于教学认识的掌握方式在不同的时间、地点和条件下会产生不同的空间结构和时间序列，因此这些结构和序列的不同组合就会产生不同的教学模式，这也

[①] 社会性是社会性动物的意识的表现，它使社会内部个体的生存能力远远超过脱离社会的个体的生存能力。

正是教学认识论指导下教学模式多样化的原因。自班级授课制产生以后，学者不断地依据教学认识的特点，结合各自的理论出发点与时代特征的要求开创了多种教学模式，每种教学模式都有其长处，教师可以针对不同的教学目标选取不同的模式，以取得良好的教学效果。主要的教学模式大致有以下类别：

第一，以学习者为中心，从活动中学习的教学模式。此类教学模式以杜威提出的活动教学为代表，并经过教学实践的发展逐步完善其结构程序，出现了活动教学模式与问题解决模式等，在课堂教学实践中由此衍生出活动教学法、设计教学法、问题教学法等具体的教学方法。

第二，设置个人的学习情境，严格控制学习进程的自学辅导。这类教学模式以出现于20世纪40年代的程序教学模式为代表。中国社会科学院学者卢仲衡经过研究，对程序教学模式进行了改造，于1965年推出了"自学—辅导"教学模式，更加有利于个别化教学，培养学生自学能力和贯彻因材施教的原则。

第三，提供结构化材料，引导学生从发现、探索中学习的教学模式。这类教学模式以布鲁纳的结构课程、发现学习以及范例教学为代表，以问题解决为教学活动的中心，将学科的基本结构作为学生学习的基本内容，通过发现探究的方法实现学生思维能力的培养。

第四，在创设的情感活动中进行潜移默化学习的教学模式，即"情境教学"模式，中国最有代表性的就是李吉林的语文情境教学。这种教学模式通过暗示的手段，使学生在学习中处于类似真实的环境之中，更好地感受情境之下的认知内容，是学生认识由感性到理性、由具体到抽象的过程。

第五，以行为技能训练为主的示范模仿学习的教学模式。这类教学模式暂时没有较为代表性的观点，虽然看不出有何创新，但是在课堂中有着突出的地位，是教学中不可缺少的基本模式。

二、中学数学教育的生活教学论

生活教学论严格而言并不能构成一种教学理论，它仅是一种教育思想或者说是教育观点。但新课程改革中提出了要加强课堂教学与学生生活及现代社会的联系的要求，因此，"教学回归生活"的观点逐渐出现并得到很多关注。

（一）生活教学论的来源

最早将教学与生活联系起来的是美国学者杜威，杜威推翻了传统教育的"课堂中心""教师中心"和"教材中心"的观点，提出"儿童中心""活动中心"和"经验中心"的"新三中心论"，开创了教育学研究的新纪元。"新三中心论"认为，教育不但能传递人类发展中长期积累的经验，还能丰富人类经验，通过教育可以增强经验对生活的指导能力和对社会的适应能力，进而使社会生活得以维系和发展，因此教育可以定义成：个人在社会生活中与人接触、相互影响、逐步扩大和改造经验，养成道德品质和习得知识技能。由于改造经验必须紧密地和生活联结，而且改造经验能够促使个人成长，所以杜威总结出"教育即生活""教育即生长""教育即为经验改造"。

(二) 陶行知的"生活教育"理念

中国著名教育家陶行知先生承袭了杜威的教育思想，在中国提出了"生活即教育"的观点，此观点是陶行知生活教育理论的核心。在生活教育观点的基础上，陶行知提出了"教学做合一"的生活教学论。"教学做合一"的基本含义是：教与学都以"做"为中心。在课堂教学中，师生都应该以"做"为中心，在"做"上完成教与学的任务，实现"教学做合一"。陶行知教育思想中的"教学做合一"是陶行知推行的一系列教学方法中最具代表性、独创性和影响力的一个重要方法。他教育思想中"教学做合一"对现行的课堂教学改革有着重要的指导意义。陶行知用教育法演进的四个阶段及其结果，说明"教学做合一"是教育法演进过程中最高级、最有效的一种方法。

初中教育领域，开展了一定程度的陶行知教育理论的研究，但是数量规模还不够大。加强理论研究与实践工作相结合，把陶行知研究成果引向深入；将陶行知研究成果同教材内容的更新结合起来，仍然是当前教育工作关注的重点问题，也是现代教育深入发展的必然要求。在课堂教学改革的大背景下，课堂教学改革的有效性越来越受到广大教师的普遍关注和认同，在学陶师陶风气日益盛行的当今，教育家陶行知先生的教育思想给我们深刻的启迪，同时对课堂教学改革有着极其现实的指导意义。

(三) "教学回归生活世界"观点

"教学回归生活世界"是当前生活教学论所倡导的观点，此观点在中国大致兴起于于20世纪90年代末期，中国学者开始翻译、介绍国外学者关于教育与生活关系的研究观点，到中国新课程改革开始，"教学回归生活世界"的观点成为学者热切关注的问题，他们对"教学回归生活世界"的可能性、途径方法及价值意义等进行了深入的讨论与研究。"教学回归生活世界"是指教学应当关注个体的生命价值和存在状态，尊重人的主体性、发展性和存在性，与学生的生活实际相联系，是源于学生已有生活、为了学生未来生活的教育活动。

第一，"教学回归生活世界"的意义。教学回归生活是对教师与学生生活的关注，体现了人本主义教学理念，重视师生生活对教学的影响与作用，使师生进行的教学活动能够在生活中找到经验联结，使学生能够更好地将学习与自身的生活实际结合，理解吸收教学的内容，并在生活中应用所学到的知识，使之深化巩固。

第二，"教学回归生活世界"与生活教育的区别。"教学回归生活世界"并不完全等同于生活教育的主张，"教学回归生活世界"是倡导教育要体现生活价值、生命状态，在教学内容上与生活相联系，在教学目的上为生活做准备，在教学过程中体现生命关怀，重视师生教学过程的生活感受与生活体验。我们当前所提倡的教学是独立于生产活动的存在，是符合现代社会发展需求的，但绝不是脱离生活、与生活毫无联系的。而陶行知所主张的生活教育是将教育融入生活，与生活形成一体，彼此不分离。

（四）生活教学论的"以学生为中心"

生活教学论将学生视为学习的主体和生活的主体，学生在生活中的感受体验与经验积累对课堂教学的效果有着重要的影响，因此提倡教师重视将教学设计与教学内容整合等方面同学生的生活经验结合起来，以便完成学生对学习内容的意义建构，促进学生的学习发展。生活教学论还提出，课堂教学不仅是为了学生当下的发展，还应当为学生的未来生活做准备，它关注了学生的终身发展，是对学生主体地位认识的提高。生活教学论的研究者还认为，教学对学生的关注不仅是学生的生活经验，也包含了学生生活的幸福感受，即教学过程中学生的生命体验，因而提倡教学要能够提升学生的生命意义与生活质量。

三、中学数学教育的交往教学论

（一）交往教学论的来源

交往教学论是德国较有代表性的教学论流派之一，虽然其起初不如同时期其他流派的影响那样大，但随着对师生关系研究的深入，对学生主体性体现要求的追求，它对中国的教学理论产生了重要影响，占据了重要的地位。

1971年，联邦德国的K.沙勒与K.H.舍费尔首次提出了师生交往的教学论思想，它是在关注"师生关系"这一重要教学影响因素的前提下而产生的。20世纪60年代末，在联邦德国，由于学生、家长和教师都不满于学校要求学生严格服从学校规范的教育制度，认为教育成为成人对学生的控制，因此产生了教育危机，这促使学者开始着重探讨师生关系的问题，交往教学论在这一背景下得到重视并深入发展。

（二）交往教学论的观点

交往教学论认为教学是建立在师生亲密友好交往基础上的一种教学论主张。师生的交流方式应该是平等的、多元化的，双方都可以就一个观点各抒己见，让学生有表达的自由，这样课堂教学才能有成果，教学目标才有成效。

交往教学论强调的是教师与学生平等相处，注重爱心教育，要经常利用课间参加班级活动。这样既可以和学生交朋友，进行情感交流，也可以用自己的知识辅助答疑，寓教于乐。视学生需要，激发其学习兴趣。课堂教学中，教师并非绝对的权威，每一个学生都可以发表自己的观点、看法，师生之间互相交流，共同提升课堂教学成果。学生在一次次的互助学习中，逐渐提升自己的思想水平。此外，交往教学论也可以应用于学生之间，没有成绩优劣的优生、差生，只有平等互助，共同提升学习成绩。

强调学生在课堂上的主人翁精神。课堂上要充分调动学生自主学习的积极性，教师要围绕着学生展开教学，在教学过程中，自始至终让学生当主角，要强调凡能由学生提出的问题，不要由教师提出；凡能由学生解答的例题，不要由教师解答。使学生变被动学习为主动学习，让学生成为学习的主人，教师成为学生学习的领路人。师生之间互相尊重，共同探索课堂教学的意义。

认为交往具有永恒性。教学中无时不存在着交往，交往贯穿于师生学习活动的始终。在课堂教学中，师生之间的言语表达是交往的主要表现形式，而除言语之外的神情、体态等也被视作交往的一种存在形式。非言语交往同样能够传递有效的信息，师生之间眼神、手势等的交往能更真切地体现出师生之间交往的默契。如果学生在课堂上出现沉默，教师也应当将之视为一种交往中的信息传递，是学生思想状态、注意力分布问题的表达，可能表达着学生对交往内容的好恶，教师应当及时调整交往策略，提出更有意义与吸引力的交往主题，改变学生的交往状态。

交往具有整体性。不同于传统的课堂教学提问的对话形式，交往教学中的交往不是教师与个别学生的单独对话，而是强调交往的整体性，即交往是教师与学生、学生与学生、教师与文本、学生与文本之间的多维度的交往。在沙勒给出的交往教学的案例中，教师不会指定哪名学生表达自己的观点，学生在获得交往主题后，按照情境设置的需要充分表达自己的见解，相互质疑并予以回应。

对于学生而言，他们享有表达观点的自由，课堂教学在轻松愉悦的氛围中进行，学生不必承受压力，合理的交往原则是保证师生在教学过程中保持融洽关系的前提。沙勒提出了合理交往的特征，也就是师生双方在教学中应当秉承的交往原则：

第一，合理的交往是一种合作式的交往。

第二，参加交往的各方都放弃权威地位，相互持平等的态度。

第三，在交往中不使民主流于形式，真正做到民主。

第四，由于交往的参加者实际地位不是同等的，因此必须促进相互取长补短的兴趣和理智相处的态度。

第五，逐步创造条件，使不带支配性的交往行为成为可能。

第六，相互传递的信息是最佳的信息。

第七，现在的交往将为以后的合理交往创造条件。

第八，合理交往的结果将取得一致的认识，但并非一切合理交往都必须达到一致的认识，尤其是不允许在交往终了时做出盲目的决定。

分析以上特点，在实际课堂教学中，教师如果采用交往教学方式就应当注意：重视教学中的合作关系，教师与学生没有主次之分，而是学习中的合作者。

（三）交往教学论的流程

在课堂教学中要实现交往的目的，就应当有完整的交往教学流程，具体包括以下环节：

第一，设计目标。交往教学是一种上课形式，教学目标是课堂教学的最终目的。基于教学目标，才能有的放矢地进行交往教学，而不是在课堂上盲目讨论。教学目标的设立应该遵循学科本身的特质，针对学生目前的学习水平、教学质量进行设计。由于交往教学中存在多个不可控因素，需要在教学中强调发现学习、探究学习、研究学习、自主学习。对学生实施素质教育，培养其自主意识和自主学习能力，将是我国现代教育和未来教育的重要内容和目标。

第二，教学预案。交往教学的前提是课堂情境设置，需要教师为学生营造一个活泼轻松的愉悦氛围，通过情境教学，给学生布置学习任务。因此，不同环境下的情境设置需要教师在课下仔细钻研。

第三，合作探究。交往教学中要想营造良好的沟通氛围，就需要学生的合作探究。学生能否积极主动地参与课堂教学活动，是决定学生学习成败的重要因素，这就要求教师改变原有的教学模式，促进学生小组间互助学习，使所有参与者为了实现全组的目标共同努力。通过学习小组成员相互沟通、相互合作，共同解决问题，这才是交往教学最大的成功。

第四，交流互动。交流互动既存在于小组之内，也存在于小组之间。组内的小组交流以促进问题解决为主要目的，小组成员贡献自己的思路或方法，组员共同探讨。小组间的互动交流是以经验成果的分享为主要目的，各小组表述自身的观点，并对他组的观点进行评析。

第五，评价反馈。为了保证交往教学的有效实现，评价反馈是不可或缺的环节，包括对学生交往表现的评价、教师地位作用的评价、交往实现程度的评价、交往氛围的评价等方面，只有认真地评价与反馈才能为下次交往提供修改的意见，确保教学交往能够在课堂内实现其内容、形式等的充分展现，并能够达到预定交往目标。

（四）交往教学论关注的问题

交往教学论当前在中国的新课程改革中占有重要的理论地位，它指导着课程与教学的诸多方面，是新课程改革中关于学生学习方式变革与教学方式变革观点的支撑理论。尽管如此，我们也应当重视交往教学中可能出现的一些问题。

第一，交往教学的适切性。应当注意交往教学对于不同学科、不同内容、不同年龄段学生的适切性问题，不能盲目使用交往教学模式。在学生学习的过程中，有些内容可以通过交往教学模式使学生获得良好的发展，如关于理解的知识和关于思维技能的训练等，交往教学可以使学生形成深刻的印象与独特理解，掌握思维的方法；而有些概念性知识和事实性知识如果使用交往教学不当则会使学生产生混淆。因为交往教学不提倡在交往终了盲目做出决定，如果学生的交往没有形成一致的意见将会影响学生对概念的理解与获得。

第二，交往教学的时机把握。交往教学存在很多优势，但教师需要根据学生的情况对是否使用或在哪个水平的问题上使用交往教学模式做出判断，教师应当先对学生的交往给予指导，使学生在能够很好地理解交往的本质及方式的时候再逐步深化对交往教学模式的使用。

第三，交往教学过程中教师作用的发挥。在交往教学过程中，学生可能由于基础或个性问题出现不能主动参与交往的情况，尤其是在学生数量较多的课堂中，教师比较难以关注到每个学生，使某些学生得不到应有的发展，因此对学生参与状态的调整就是教师重要作用的体现。此外，教师应当能够获取关键信息，对交往过程是否偏离主题做出判断，并能够引导学生围绕主题进行交往。

（五）交往教学论的"以学生为中心"

交往教学更看重学生的主体地位，所以在课堂教学中充分尊重学生的话语权，教师只起到引导作用。与传统的填鸭式教学相比，交往教学更容易激发学生的学习兴趣，让学生在轻松、愉悦的环境下掌握课堂知识。此外，交往教学课堂情境设计中，将学生放在主导地位，学生要在教师的引导下发挥主观能动性，积极表达对课题的思考。通过小组合作学习达到互相促进、互相学习、共同提高的目的。从我国传统的课堂教学一向忽视生生交往的情况来看，交往教学可能不会立即达到教学预期效果，但能让学生在合作学习过程中形成自我思考，从而掌握新的思维方式，不断拓展自己的大脑知识库。

四、中学数学教育的教学实践论

（一）教学实践论的来源

杜威在自然主义经验论的基础上提出了实用主义教学理论，这是教学实践论的发端。杜威不赞同传统地向书本学的教学过程，反对"教学只是传授知识"的传统主张，他强调探求真理不能脱离实践经验，学生应当通过参与各种实践活动来获得知识经验和个体的发展。在我国，教学从本质上讲是一种特殊的实践活动。教学认识是针对知识、技能的掌握及其智力的开发而言的，教学生成则是针对学生思想的形成和完善而言的，教学的认识性内容和生成性内容构成了教学实践内容的全部，教学的认识性目的和生成性目的构成了教学实践目的的全部。

（二）教学实践论的特殊性

教学实践论的特殊性主要表现在三方面：一是学生的实践活动是以认识客观世界、形成系统知识为目的的，属于认识性实践；二是学生的这种实践活动是在教师的指导下进行的，这也是学生学习实践与成人生活实践的区别；三是教学是一种简约化的实践活动，具有较高的活动效率。在中国新课程改革过程中，实践的作用得到重视，课程标准中虽然没有直接提及教学实践论的理论内容，但多处提及对教学过程中实践的要求，这也成为中国学者对教学实践论研究的推动力量。

（三）教学实践论关注的问题

第一，教学实践论是对教学本质的再认识。教学实践论从认识论角度受到教学认识论支持者的反驳，教学认识论支持者认为实践是认识的一部分，是用来提高认识的，教学中的实践观点也是为了促进学生教学认识的发展。

第二，避免教学实践论与教师的教学实践相提并论。我们所探讨的教学实践论，是对教学过程本质的探讨，而教师的教学实践特指教师的教学工作，是对教师教学工作实施的研究。例如，教师的教学实践机智、教师实践智慧等命题都不包含在教学实践论的研究范畴之中。

第三，学生在实践中获得直接经验与学习间接经验的关系处理。教学实践论倡导学生通过亲身实践来获得体验，但不意味着学生的学习全部以直接经验获取为途径，间接经验的学习是学生掌握大量科学文化知识和技能的便捷途径，只是在学生获得间接经验的时候应当关注学生内化这些知识的方法，注重以实践的、活动的方式让学生的学习变成可以感知的过程，而不是机械接受的过程。

（四）教学实践论的"以学生为中心"

第一，教学实践论尊重学生的主体地位。学生是课程教学实践的主体，无论是教师还是新媒体设备都只能起到辅助作用。因此，在课堂教学中，为了体现学生的主观能动性，必须增加课堂实践环节，让学生主动发现问题、解决问题。

第二，尊重学生个体差异，因材施教。教学实践论虽然将学生作为课堂学习主体，然而学生对知识的吸收能力和逻辑思维能力各不相同，因此，在具体的课堂实践中难免会出现知识理解能力高低不一的情况。面对此种情况，教师除了要更改教学方式之外，还要重点关注学生的日常生活，通过对其生活体验的观察因材施教。

第三，教学实践论关注学生在生活中获得实践经验。对学生而言，其所有的实践课程体验主要来自课堂教学，只有部分与日常生活相关，然而，丰富的生活经验或多或少会对教师教学产生影响，所以教师在课堂情境实践教学中，可借助创设生活情境的方式引导学生思考问题、解决问题，让教学实践更加生活化、日常化，学生也容易理解课堂教学的含义。

五、中学数学教育的人本主义教学理论

(一)在教学中强调知情合一的学习

真正的学习经验能够使学习者发现他自己的独特品质,发现他自己作为一个人的特征。从这个意义上而言,学习本身就应包括认知和情感两方面。个人对学习的喜爱情感(好学)在学习中具有重要意义,人类具有学习的自然潜能,他们对外界的好奇促进他们的学习与发展,唯有自我发现及自己喜好的学习才会有意义地影响个人行为,也才可以称为学习。因此,在中学数学教学中,教师要尊重学生学习的兴趣和爱好,尊重学生自我实现的需要,要允许学生根据自己的兴趣和爱好以及自我实现的需要选择学习内容,而不要把学生不喜欢的东西硬塞给学生。

(二)数学教学要培养心理健康的人

人本主义心理学把人类能否适应当代世界的加速变化、解决各种社会矛盾的一个决定因素归于能否教育好一代新人。人本主义心理学反对那种强制学生适应学校、重视智育、不重视整个人全面发展的传统教育目标;提倡教育目标应该是指向学生个人的创造性、目的和意义,是培养积极愉快、适应时代变化的心理健康的人。因此,在数学教学中,教师要通过各种方式注重培养学生的自重、自尊、自信,使他们充满希望和成功,而不是自卑、焦虑和失望。数学教学要让学生真正获得成功,通过数学学习促进他们健康人格的形成。

(三)突出自我评价对数学学习的积极作用

学习评价是学习活动的有机组成部分,是保证学习活动持久而有效地进行下去的重要手段。学习评价的目的应是促进学生知情充分而和谐健康地发展。学生的自我评价是非常重要的,一方面,因为学生最清楚这种学习是否满足自己的需要,是否有助于导致他想要知道的东西,是否明了自己原来不甚清楚的某些方面;另一方面,自我评价在学生的学习活动中具有十分重要的作用,这种作用能使学生为自己的学习负起责任,从而更加主动、有效、持久地学习,由此产生意义学习。因此,在数学教学中,教师要有意识地改变传统教学单一的评价方式,尊重学生的自我评价,并通过对学生平时所表现出来的数学思维能力、表达能力、合作交流能力等综合素质的观察引导学生正确地进行自我评价,促进他们的学习。

第二节 中学数学教学原则

为了实现既定的数学教学目标,运用数学教学规律,指导数学教学工作,完成数学教学任务,是设定中学数学教学原则的基本要求。作为教学活动的数学教学,必须按照教学

论提出的要求开展数学教学工作；作为学科教学的数学教学，必须按照学科自身的特点与规律满足数学这门特殊学科的教学要求。因此，本节从数学学科特点以及中学生身心发展的实际情况出发，结合当前国内数学新课程改革实践与理念创新，探讨数学教学原则，具有十分重要的现实意义。

一、具体与抽象相结合的原则

目前，中学生普遍薄弱的抽象思维能力，在过度依赖现实材料方面表现得十分明显。一方面，中学生面对现实生活中的具体素材，无法主动联想到抽象的数学知识；另一方面，中学生掌握抽象的数学知识以后，又不能将相关理论灵活地用来解决现实生活中的具体问题。在这种情况下，教师又往往容易忽视现实问题情境的精巧设置，或者教学手法的直观运用无疑增加了现实问题向抽象数学知识逐步过渡的难度。具体与抽象之间的关系如果得不到妥善处理，中学数学教学矛盾的产生将难以避免。为了有效增强中学数学教学效果，教师必须合理选择教学模式，在教学过程中坚持从具体过渡到抽象，再由抽象细化为具体的教学思路，并在日常的教学实践活动中，注重以下教学手段的合理运用：

第一，运用直观具体的现实材料和形象生动的教学语言，引入新的数学概念，阐明新的数学内容。比如，借助日常生活中的温度升降与货物进出等，指明意义相反的量，并借此引出正数与负数的概念。再如，学生初次接触立体几何知识时，通常很难想象三维空间中的图形结构，在此种情况下，教师可以引导学生观察讲桌上的粉笔盒、活动的门板以及立体的讲义夹等实物模型，帮助学生形成感知物体空间结构的基本能力。感性认识是形成抽象概念的前提与基础。形象生动、直观具体的现实材料并非必须具备看得见、摸得着的物质属性才具有教学利用价值。物体的形式与外观，甚至纯粹的语言本身，都是直观讲解数学新概念的重要方法。事实上，假如在现实生活中很难找到与数学概念相对应的具体模型，发掘学生已经积累的数学经验，将抽象的数学知识转化为直观形象的物质实体，也是化抽象为具体的有效手段。

第二，教师主导作用的及时发挥，有助于引导学生从具体直观、生动形象的数学材料中归纳得到抽象的数学概念和普遍适用的数学结论。具体直观、形象生动的数学材料只是教师常用的教学手段，培养学生的抽象思维能力才是中学数学教学的重要目标。

第三，在具体实践中运用所学抽象理论解释具体现象、解决具体问题的过程，是学生深刻掌握数学理论知识、化抽象为具体的能力提升过程。比如，掌握"不在同一条直线上的三点可以确定平面"理论的学生，看到木工师傅将两条细线分别绑在课桌的四条腿底部时，即可明白木工师傅此举背后的意图是验证课桌整体的平稳状况。

第四，从具体过渡到抽象，再由抽象细化为具体的过程，并非一蹴而就的过程，而是循环往复的过程。教师在实际的教学活动中，只有坚持抽象与具体相结合的原则，才可能取得理想的教学效果。

二、量力性与严谨性有机结合的原则

第一,要深入研究教材与课程标准,确保教材内容符合课程标准对于严谨性的基本要求。通常来说,教材与课程标准严格规定了各章节数学内容的教学要求,尽管并未明确指出教材的严谨性,但是通过深入分析、理性思考教材与课程标准对各章节数学内容教学要求的深浅程度,基本上可以把握教材严谨性要求的高低水平。无论教材是避而不谈某些内容,还是直观说明某些内容;是利用不完全归纳法证明某些内容,还是详细说明本来无须说明的某些内容;是扩大公理体系,还是缩小论证范围,所有这些做法都是从学生可以理解的角度出发的,有意识地降低了教材内容的严谨性,以方便学生轻松掌握所学内容。目前,我国数学界提出的"轻形式、重内容"的口号,正是从侧面反映出中学数学教学主张严谨性与量力性有机结合这项基本原则的现实例证。

第二,教师在讲授具体概念和定理内容的过程中,不应该将所有的教学内容和盘托出,而是要循序渐进,逐步体现教材内容的严谨性。以初中数学教材为例,在介绍平行线的定义前,教师可以先利用火车铁轨、黑板边线、路边电线杆等缩小版的实物模型介绍日常生活中常见的直线并行现象,然后引导学生自主归纳得到"两条直线不相交则必定平行"的结论。然而,如果缺少限制条件,该结论显然无法成立。在这种情况下,教师可以借用天花板线和地板线不相交也并不平行的实例,说明"只有位于相同平面内的两条不相交直线才互相平行",从而指导学生深刻理解平行线的定义。这种教学手法体现了量力性与严谨性有机结合的基本原则,有助于学生快速掌握所学的数学知识。

第三,在课堂教学活动中,教师必须循序渐进地指导学生养成言必有据、思路清晰、思考缜密的习惯。学生数学思维严谨水平的高低,与学生养成的思维论证习惯密不可分。

首先,言必有据主要是指学生在数学推导、计算和作图环节,必须做到每步过程都有根有据,教材中提到的公式、概念和定理,都应该成为得出结论的基本依据。

其次,思路清晰主要是指数学问题的解决,可能需要分多个步骤、从多个方面、按几类情形,去思考、讨论与分析才能完成规定的解题任务。因此,对于接触新知识时间不长的学生来说,写出具体的解题步骤和做题程序极有必要。以合并同类项单元知识的学习为例,学生可以先找出同类项,再在此基础上确定各项的系数与符号,最后合并得出结果。再如,求解一元一次方程时,学生可以按照先去分母,再去括号,然后移项完成同类项合并、化系数为1的程序解题,从而养成思维清晰的做题习惯。

最后,思考缜密主要是指学生考虑问题必须准确全面、周密完善。只有思考缜密的学生才能理解数学的本质定义与深刻含义,重视定理与公理的限定使用条件,注意定理与公式的适用范围等。学生在解决与不等式、函数、绝对值方程等有关的问题,以及使用分类法解题时,都必须做到思考缜密,逐步提高自身数学思维的严谨程度。

第四，教师在日常教学活动中，应该重点考查学生的智力和能力水平、年龄与个性特点。教师只有准确评估学生的能力水平，才能落实量力性和严谨性有机结合的基本原则。目前，我国已经基本上实现了义务教育的全面普及，适龄学生都是数学教育的施教对象。然而，不同成长背景的学生能力差别很大，水平参差不齐，由此形成的尖锐矛盾在某种程度上阻碍了量力性与严谨性有机结合原则的贯彻与落实。初中数学教材已经充分考虑到这种情况，在内容编写方面做出了调整。教师只要认真研究教材与课程标准，深入了解学生，就可以很好地解决阻碍量力性与严谨性有机结合原则贯彻与落实过程中遇到的问题。

三、精讲多练与自主建构相结合的原则

第一，尊重学生学习的主体地位。在教学实践活动中，教师教学的主导性通常会排斥学生学习的主体性。学生学习的自主性、深刻性、探索性和积极性，是衡量学生学习主体性是否真正确立并且正常发挥的重要参考指标。

第二，尊重学生的时空建构能力。在数学教学活动中，教师的地位与作用不容忽视。无论面对的学生如何难教，教师都不能轻言放弃。教师的课堂讲解既要服务学生的自主学习过程，也要服务学生的长远发展过程。只有高效并且具有针对性地精讲与多练，才能帮助学生获得成长必需的知识与经验。因此，教师必须重视学生自主建构思维时空的能力，了解学生诊断错误与纠正错误的水平，以及学生思想认识的特殊性，并善于利用数学问题创设情境，指导学生通过实验观察、猜想验证、归纳总结、知识应用等活动，在相对民主的教学氛围中，为理性思考能力的自主建构创设充足的时间条件与理想的空间条件。

第三，尊重学生的数学认知过程。数学知识的形成经历了漫长的历史。为了培养学生自主建构知识框架的能力，教师应该在讲解教材内容的同时，创设数学问题合理解决的现实情境，帮助学生在提出问题的环节、分析问题的环节以及解决问题的环节建构学习数学知识的意义。在数学教学活动中，教师的精讲教学缩减了学生对简单重复的人类漫长认知过程的艰难与曲折，学生可以有更多的时间和精力从事具有再发现与再创造性质的自主建构活动。

四、培养双基与策略创新相结合的原则

数学基本技能与数学基础知识构成了数学双基的主要内容。所谓数学基本技能，是指与基础性数学知识有关的、需要按照指定步骤和程序完成活动任务的操作技能。绘制表格与画图、数据处理与推理、习题运算与求解等都是常见的数学基本技能。所谓数学基础知识，是指构成数学特殊知识网络的特定节点。中学数学教材中的概念与定义、法则与公式、方法与定理等都是常用的数学基础知识。概念的正确理解是掌握数学基础知识的前提。只有通晓数学规律，熟知解题技巧，才能真正学好数学。

探索性是数学学科不同于其他学科的重要特点。包括实验与观察、直觉与想象、猜想与验证等在内的创造性思维方式和探索性学科特征集中体现了中学数学合情推理的策略创新精神。对于大部分学生来说，策略创新精神的培养比学习、掌握数学基础知识更加重要。因为当数学策略创新精神转化为学生素质时，学生整体创造力的提升将使学生获得受益终身、取之不尽、用之不竭的动力源泉。

第一，认识数学双基教学。数学双基教学是随时代发展不断演变的动态概念。一方面，数学基础知识正在发生变化。计算器和移动智能终端的普及与应用降低了数学教材对心算、珠算、笔算等计算能力的培养要求；在新课程标准中，复杂、偏难、陈旧的习题已经从必修教材中抽离出来，而算法、概率统计等与日常生活联系紧密的数学内容正在构成数学课程的知识基础。另一方面，数学基本技能也在发生改变。利用现代科技学习数学已经成为数学双基教学的重要内容。传统的数学基本技能教学，过分重视逻辑演绎能力的形式化，忽视了数学知识的应用背景与数学建模能力的培养，这两者同样是组成数学基本技能的重要部分。因此，数学双基必须跟上时代的发展步伐，在继承传统的同时，摒弃繁杂的、不必要的记忆要求，增加全新的、合理的数学技能与基础知识要求。

第二，重视数学双基教学。作为我国数学教育界理论研究与长期实践的经验和成果总结，数学双基教学既是我国数学教学的特长与优势所在，也为世界数学教育提供了值得借鉴的数学教学范本。目前，国内数学课程改革已经进入实践关键期，只有从发展的新角度，继承并发扬数学双基教学的优点，避免并克服数学双基教学过程中存在的缺点与不足，兼顾学生合情推理与逻辑推理能力的培养，强调理解与记忆并重、思维过程与解题训练同步，才能充分发挥数学双基教学的潜在价值。

第三，创新数学双基教学。我国传统的数学教育，过分强调数学基础的重要性，忽视了学生创造能力的培养，导致学生创新意识不足的情况普遍存在。因此，我国数学教育既要重视基础教学，也要关注教育理论和教学模式的创新。只有把握好数学双基教学的"度"，以学生的长远发展为根本，创新数学双基教学，才能确立科学的中学数学教学原则，推动中学数学教育事业取得更大的发展成就。

第三节　新课程与中学数学教学

数学是一门比较复杂的学科，含有抽象的知识内容，这给学生的学习带来了众多的困难，降低了学生的学习效率。"随着新课程改革的实施，教师越来越重视数学课堂教学质量的提升，关注着每一名学生的学习情况，注重学生对课堂知识的掌握程度，积极思考影响学生学习能力提升的关键因素，对课堂教学做出反思，及时发现在新课程改革下数学课堂存在的问题。"[1]

---

[1] 辛海鹏. 新课程标准下的中学数学教学反思[J]. 高考，2019（27）：88.

一、中学数学教学在新课程标准下存在的问题

（一）教师的教学理念落后，教学过程过于形式化

在数学课堂上，教师不能紧紧追随时代发展的潮流，无法适应社会发展的现状，仍采用较为落后的教学观念，注重教材知识的讲授，不能突破传统的教学方式，这严重影响了学生的学习兴趣，限制了他们学习效率的提升。同时，教师过于看重课堂教学的结果，教学过程走形式化路线，只活跃了课堂教学气氛，强调了教学目标的完成情况，而忽略了学生对基础知识的掌握情况，忽略了学生数学技能的提升，将全部的精力都放在"黑板式"教学模式中，单纯地讲授知识的内容，机械地传授给学生教材上的内容，这导致学生完全丧失学习兴趣，降低了课堂教学的效果。

（二）学生缺乏学习兴趣，在案例教学中存有困惑

对于数学知识，学生缺乏强烈的学习兴趣，在数学课堂上无法集中自己的精力，没有形成较好的自律意识，未能采取正确的学习态度。在此过程中，教师无法将教师的"教"与学生的"学"很好地结合在一起，未能充分利用多媒体等教学用具吸引学生的目光，无法及时引进课外的知识来丰富课堂教学内容，这阻碍了学生视野的拓宽。在案例教学中，为了完成教学任务，教师机械地将案例引入数学课堂，没有充分揭示案例相对应的教材内容，使学生在学习过程中存在困惑，未能理解每一个案例所表达的数学内涵，无法发现案例中存在的理论原理，这导致课堂无法达到相应的教学效果，降低了课堂的教学质量。

（三）教学方式过于局限，形成了应试化教育过程

在新课程标准下，教师没有适应新课改提出的要求，将教学方式局限于传统教学形式上，过多注重学生的成绩，将成绩作为评价学生能力的唯一标准，限制了学生潜能的发挥，影响了学生创新能力的发展和提升。在此过程中，教师在课堂上培养学生的应试能力，组织多次模拟考试活动，形成了应试化教育过程，让学生一直处于高度紧张的学习状态，失去了数学学习的本质意义，这严重影响了学生思维能力的提升，使学生树立起错误的学习观念。

二、中学数学教学在新课程标准下实施的策略

（一）加强教师的主导地位，创造出全新的教学模式

教师要积极响应新课程改革的号召，转变传统的教学观念，及时改变自己在课堂上所承担的角色，明确自己的教育身份，成为一个合格的引导者、组织者、合作者和教育者，

促进师生之间感情的交流。因此，教师要加强自身在课堂上的主导地位，创造出全新的教学模式，创设出小组合作交流模式，利用问题引导学生开展积极的讨论，给予学生充足的时间进行思考，让学生在问题中感受到数学的魅力，了解到数学知识的文化内涵，从而提升课堂教学的效果和质量，提升学生的探究精神。例如，在"平行四边形"学习过程中，教师将学生分为若干个小组，引导学生对教材内容进行探讨，对学生设置以下问题："什么是平行四边形？""平行四边形角和边形成什么样的关系？""如何证明四边形为平行四边形？"让学生自主获取数学的原理和公式，研究出平行四边形的定理和结论，找寻到平行四边形的证明过程，了解到平行四边形的边角关系。

（二）整合数学教材的资源，尊重学生的主体发展

教材是学生学习的主要内容，也是教师讲授的主要知识。新课改对教材提出了新的要求，要求学生掌握更多的空间立体几何知识，让学生明确其证明过程和基本理论。因此，教师要积极整合教材的内容，灵活地运用教材的知识，选取教材中比较好的内容，对其进行深入的加工，构建出具有个性的知识体系，为学生创建出自主发展空间，给予学生独立思考的机会，使学生产生强烈的学习欲望，主动探索课堂上的知识内容。例如，在"勾股定理"这一课教学过程中，教师整合教材展示出勾股定理的证明和勾股定理的逆定理等内容，引导学生去探索勾股定理引申的含义和证明过程，让学生拥有不一样的思维方向，积极创新出新奇的证明方案，促使学生加强他们的理论基础。

（三）科学地评价学生，指导学生进行自我反思

教师要明确反思对数学课堂教学的意义，确立科学的评价体系，做到评价的公平公正性，客观地评价每一名学生，及时考查学生当前的学习状况，促进学生对数学知识的掌握，提高他们对数学学习的热情。同时，数学教师要培养学生进行自我反思，引导学生从多个方位、多个角度去思考自己的学习状况，使学生明确自己的学习方法、学习观念、解决问题的合理性，让学生对自己当前的学习状态做出总结，以提出更为高效的学习方式，锻炼学生的思维能力，促使学生在反思中得到进步。

数学在教育中占据着重要的地位，贯穿整个教学过程，是学生必须掌握的一项基本内容。在数学课堂上，教师应积极满足新课程改革的要求，在实践教学过程中进行反思，反思出数学课堂存在的主要问题，分析出有效的解决途径，以减少教学中存在的错误，加强理论教育与实践之间的联系，提升课堂教学的质量，促进教育事业的发展。

第四节　中学数学教学法的特点

一、中学数学的讲解法及其特点

"课堂上教师的主要活动是口头讲解、扼要板书，学生的主要活动是听讲、思考、重点记录、做练习，这种教学方法叫讲解法。"[①] 讲解法通常在新单元和新课程的开始以及新概念和新命题的学习时运用，以归纳和总结新知识或集中为学生答疑。

讲解法的优点在于：便于教师主动设计课程，能够节约备课时间，并在讲解中连贯地向学生传递知识，保持知识和课堂的完整性，同时有利于教师把控课堂。

讲解法的缺点在于：不能在第一时间获得学生的反馈以及时调整教学设计，讲解主要面向大多数学生，不能兼顾能力突出的学生的发展以及能力相对较弱的学生的进步。

讲解法主要有以下六个特点：

第一，科学性。讲解概念要清晰、明确，要准确把握概念的本质特征并揭示出概念的内涵和外延；讲解和证明命题时，要以数学思想为方向，对思路与方法进行重点分析，分析推理的过程要符合逻辑；在引入新知识时要遵循认识规律，同时要抓住知识的精要。所讲解的内容和整个讲解过程既要符合数学学科的科学性要求，也要符合教育、心理等方面的科学性要求。

第二，系统性。所讲解的内容应在体系、结构、层次上具有系统性。讲解过程要抓住重点和难点，整体符合认识规律，遵循引入课题、提出问题、分析问题、解决问题的过程，将问题整体有序地讲授给学生。

第三，启发性。语言和方法应具有启发性，引导学生一步步解决问题，激发学生的学习热情，提升学生的自信心。

第四，针对性。讲解内容和方法应以学生的实际情况为基础，要了解学生的知识和能力水平及思维特点，及时关注学生的理解情况和反馈并以此为依据及时调整讲解方法和讲解进度，尽量兼顾不同学生的特点，做到因材施教。

第五，深刻性。讲解不能过于表面，更不能始终都用一种语气和一个速度。要充分采用多重手段和方法，激发学生的学习热情，引导学生主动、积极地参与到学习中，要强调重点和难点内容，使课堂更加立体、有深度。此外，还要给学生创造自主思考、探究、讨论的机会，并鼓励学生将学到的知识应用于实践。教师不仅要将数学知识教给学生，更要将蕴含其中的数学思想与数学方法传授给学生。

第六，语言生动。教学语言一方面要准确直白、通俗易懂，另一方面要生动幽默、具有感染力。生动的语言配上严谨的数学符号有利于学生更快更好地掌握数学知识。

---

① 夏兆阳. 中学数学教学与管理研究 [M]. 西安：世界图书出版西安有限公司，2017：46.

二、中学数学的练习法及其特点

练习法指的是在教师的指导下，学生通过练习和作业达到掌握知识和技能的目的的教学方法。一般情况下，这种方法被运用于一个单元或一个课题结束后，学生通过集中练习强化这一阶段所学的内容，对理解得不够深刻、运用得不够熟练的知识加以消化巩固。通过集中练习，学生可以发现学习中存在的错误，可以补充知识和技能上的欠缺，加深对知识之间的联系的理解。

练习法的优点在于：学生能够充分发挥主体作用，各类不同的学生都能够在教师的组织下得到锻炼和提升；学生自我完成练习和作业的过程就是独立解决问题的过程，能力较强的学生可以在其中体会探索与研究的乐趣，能力相对较弱的学生也可以通过努力收获成功、提升自信。

练习法的缺点在于：如果教师组织不当，会使一部分能力不足、缺乏自律的学生放任自己，甚至索性放弃，拉大学生之间的成绩与能力差距。

三、中学数学的讲练结合法及其特点

讲练结合法是一种灵活多变的教学方法，也是教学中最常见的教学方法，讲指的是教师的讲授，学指的是学生的学习与练习，该方法在边讲边练中展开教学。讲练结合法有多种方式：可以以练为开头，然后再讲授，也可以以讲为开头，然后再练习；可以以讲为主，辅以练习，也可以以练为主，辅以讲授。但无论是哪种方式，都应注重讲与练的合理安排和穿插进行，做到以讲带练、以练促讲、讲练结合。开始的讲为练打下基础，随后的练是为了讲得更加深入，随后又讲是为了总体水平的提升，接着又练是更加深入地挖掘问题。在一步步的讲练衔接与结合中，学生不断巩固旧有知识并学习新的知识，培养了技能，提升了能力。

讲练结合法的优点在于：能够将教师与学生紧密结合起来，充分发挥学生的主体作用及教师的主导作用；对低年级或者注意力相对较弱的学生而言，不断在听讲与练习、动脑与动手之间切换，更加符合这部分学生的生理和心理特征，能帮助他们更好地集中注意力；通过讲与练的交替，教师能够在第一时间收到学生的反馈，从中发现问题并及时做出调整。

讲练结合法的缺点在于：讲与练的衔接多了，不易控制的情况出现的概率就大了，对教师的课堂应变能力要求较高；讲练结合对同一个班级的学生来说是统一的，但学生的知识水平和接受能力不同，因此不能完全符合每一个学生的学习要求，对教师的实际教学考验较大。

四、中学数学的谈话法及其特点

谈话法指的是在教师与学生之间进行的谈话—回答的方法，目的是使学生获取知识。谈话法由教师提问，学生在认真思考后做出回答。谈话法要求，教师要以教材内容为出发点逐一提出若干问题，问题之间要具有内在联系，由学生自愿或指定不同的同学回答，通过问题的不断展开和深入逐步完成教学任务。

谈话法的优点在于：从课程设计开始就决定了师生的互动活动，有利于教师设计出更好的问题帮助学生积极思考；在互动中，师生之间、同学之间很容易营造良好的氛围，大家平等交流、各抒己见，在这样的氛围中，学生更容易放下包袱，大胆表达，不仅能够学习知识，还能够提高语言表达能力和条理性。

谈话法的缺点在于：由于学生思考和回答都是即时的，缺少准备，因此可能在时间上缺乏保障。另外，如果学生没有充分理解问题，就需要更多的学生来回答，一定程度上也会耽误时间；如果处理不当，可能会使临场思考和表达能力不强的学生产生不自信的消极情绪，严重的还会挫伤学生的自尊心；如果教师的问题设计得不够清晰，那么就很难达到预期效果，继而影响教学目标的实现。

五、中学数学的情境教学法及其特点

情境教学法是一种能够激发学生思考热情的教学方法，该方法由教师创设问题情境，培养学生对问题进行独立探究的能力。一个成功的情境能够使学生感到好奇、新鲜、亲切，使学生的大脑皮层更加兴奋和活跃，为思考与探究创造良好的条件。在激发学生的热情后，教师可以趁热打铁，利用学生良好的状态引导学生深入思考问题，挖掘学生的潜能，使学生的学习状态更加轻松自如，取得事半功倍的学习效果。情境教学具有形真、情切、意远、理寓其中四个特点。

所谓"形真"，指的是真切、形神相似，通过鲜明真切的形象强化学生对教材的感知力。情境教学中的"形真"不是指照相或者复制般的再造，而是以简化、暗示的手法获得内在结构上的对应，也就是以"神似"显"形真"。

所谓"情切"，指的是情真意切，也就是充分调动学生的情感，让学生主动参与到认知活动中。情境教学形式十分生动，形象的场景能够激发学生的学习热情，教师的语言情绪、教学内容、课堂气氛三者共同对学生产生心理上的影响，促使学生积极参与学习活动，从而帮助学生整体上和谐发展。

所谓"意远"，指的是意境广远，引导学生充分发挥想象力。李吉林认为，情境教学之所以不叫情景教学，最根本的原因就是一个"境"字，"境"体现出了一种广度。情境教学要求将情绪与意象结合起来，整体展现于学生面前，用最直观的印象调动学生的情绪，推动学生不断发挥想象力。

所谓"理寓其中"，指的是让抽象的理念伴随着具体的形象，提高学生的认识力。李吉林认为，在情境教学中，要从教材本身出发，以教材内容决定教学形式，在教学过程中创设情境围绕教材展现具体情境，这样才能真正做到"理寓其中"。学生在情境教学中获得理念的过程始终伴随着形象和情感，是感性的、鲜活的，这种对事物的认识是对事物本质及关系的深刻认识。

第二章　新课程背景下中学数学教学思维

第一节　思维与中学数学教学的关系

　　人开展的各种类型的实践活动和思维之间都存在紧密的联系，教学属于人类实践活动当中相对特殊的应用活动，在教学活动中思维非常活跃。而数学教学相比于其他的学科教学，更加强调思维性、抽象性，所以数学活动当中人的思维明显更加活跃。为了训练学生形成较强的思维，教师需要使用数学知识帮助学生提升思维能力。也就是说，数学知识是提升思维可以使用的中间载体、过渡材料。学习数学之后，人可以更加系统地、更加整体地从逻辑角度出发思考问题。在数学教学活动中，人的思维、意识、品质以及意志都会有一定程度的发展。综合来看，数学教学可以助推学生思维更好地发展，教师需要发挥自身的指导作用，引领学生正确构建自身的思维格式。教学过程中，教师尤其要强调学生正确运用数学符号，正确理解数学符号包含的思维格式。数学当中的很多逻辑是依托符号运算来体现的。人的思维可以控制数学学习过程中的行为，在思考的过程中，人需要重新认识人类发展遗留下来的遗产，了解吸收人类遗留下来的浓缩知识，并且在吸收理解之后，将其应用在实践过程中。

　　数学思维具有独特的自身价值，在开展思维教学时，需要遵循思维本身的格式。数学思维活动指的是人的大脑和数学学习内容彼此作用的过程中，人对数学内容当中思维规律以及数学内容本质原理展开认知的过程。学生在了解并且掌握数学知识的过程中，需要对数形关系有正确的认知，在此基础上，运用数学语言以及数学符号解决数学问题。数学思维体现出的问题性和数学知识具有的问题性之间是存在关联的，数学学科之所以能够形成，是因为人们在实践过程中发现了问题，出于解决问题的目的，创造出了数学科学。处理数学问题的过程中，需要借助数学思维开展一系列活动，数学思维会始终受到数学问题的指引，在以问题解决为目的的情况下，人会创造出多种方法去分析问题、解决问题。通过思维方面的思考，人可以发现问题当中隐含着的数学特点或者数学关系，进而让其变成数学体系内的问题。这时，人就可以运用数学关系、数学定理系统化地处理问题。学生在数学学习过程中，必须注重思维能力的养成。在数学判断、数学推理以及数学证明过程中，经常会使用以下两种数学思维方法：

　　第一，归纳法。人在认识事物的过程中，认识层级会发生变化，通常是由低到高。首先，认识会从感性层次转换到理性层次；其次，认识会从个别层面认识转换到一般层面认识，然后慢慢地扩大到无限层面。人的认识从个别有限转移到无限的过程中需要运用归纳的方式,人们可以在观察以及分析的过程中进行推断,从个别事物中推出普遍结论,这一推导过程就是归纳。如果通过归纳得到的结论属于特殊结论,而不是属于普通结论或者一般结论,那么特殊结论的归纳过程就叫作不完全归纳。如果通过归纳得到的结论能够涵盖与结论有关的全部情况,那么这样的归纳过程就叫作完全归纳。完全归纳法获得的结论属于正确结论。数学归纳法属于完全归纳类型,如果归纳属于不完全归纳,那么获得的结果就不能保证准确。在数学推理的过程中,一般情况下,事先使用不完全归纳法得出某些特殊结论,然后在此基础上去验证结论是否能够在所有的情况中普遍运用。数学研究过程中,研究者一定要具备归纳与推理思维,归纳与推理思维在数学理论研究、数学实践研究方面都有极为重要的作用。通过归纳和推理,学习者能够不断地获取新的知识,能够不断地验证命题的正确性。

第二,类比法。类比指的是将某一个类别对象具有的某种特征转移到另一类对象身上。数学教学过程中,教师在讲解因式分解、整除知识、分式性质知识的时候,应该引导学生正确认识数的整除、分数以及因数等方面的运用性质,在此前提下,学生才能从数的学习转向式的学习。

分析过去我国的数学教学实践可以发现,教师更倾向于选择形式化的教学方式,以此来培养和提升学生的演绎推理能力,这样的培养没有关注到合情推理能力的养成。所以,数学教学效果并没有较大的提升。合情推理主要包括归纳、类比以及统计三方面的推理。初中数学学习阶段,学生通常情况下会忽视类比推理的学习,有一些教师也没有注重类比推理知识的讲解,只是要求学生大量地练题,以此来掌握知识、提升能力。但是,在考试过程中,几乎不会碰到做过的原题,在这样的情况下,一旦题型出现变化,学生就会不知所措。这都是因为类比推理教学的缺失,所以教师应该注重类比思维的培养,引导学生从一类事物中发现规律,然后应用在另一类事物中,但前提是两种事物应该存在一定的可比性。

第二节 中学数学教学与思维导向

导向被当作动词解释时指的是事物的发展方向。教学当中的思维导向指的是教学体现出的发展倾向性。以思维为教学导向要求在教学过程中注重学生思维能力的养成。在教学实践过程中,教师需要帮助学生、教学学生的思维向良好以及优质的方向发展转变。想要形成优秀的思维结构,那么需要有优秀的认知结构作为前提和基础[1]。所以,数学教学应该同时关注知识和技能方面的教学,而且应该着重在技能教学过程中培养学生形成较强的

---

[1] 李卫华. 中学数学教学思维与创新[M]. 天津:天津人民出版社,2019:143.

思维能力。

对于学生的数学学习来讲,教师是指导者,这也从侧面说明:首先,教学存在教学目标和教学方向;其次,教师比学生先认识、了解某些知识;最后,学生可以在教师引导下独立展开问题探索、问题研究。思维导向教学要求教师以助手的身份辅助学生学习,教师应该为学生创造适合的学习情境,而不是直接地灌输知识。所以,思维导向当中的数学教学和普通的教师教授学生学习模式是不同的。思维导向要求教师引导学生掌握学习的方法,让学生知道学习的目的。思维导向教学当中,教师首先需要确定将学生的思维发展引导到哪个方向。在此基础上,需要考虑使用哪种方法进行引导。思维导向教学强调要点教会学生掌握知识的获取方法,而不是让学生重点掌握知识。在思维导向教学过程中,教师需要以数学知识为桥梁、为载体,引导学生参与思维活动,帮助学生学会知识的获取方法。在思维教学模式下,学生会掌握数学学科知识,也会知道数学学科理论、数学思想以及数学方法。在学生综合了解这些内容之后,就会构建出数学学科的学习概念,掌握正确的学习方法。

思维导向下的数学教学要求数学教师在教学过程中先提出数学问题,然后和学生共同参与数学研究,最终获得数学学习结论。在此过程中,教师还要引导学生学习数学思想方法。学生可以透过知识的学习了解到方法的运用,进而形成数学思维。综合来看,思维导向模式下的数学教学要求同时注重知识的学习和思维能力的培养,并且要在问题研究过程中慢慢让学生掌握数据研究方法,培养学生参与数学科学研究的能力。

一、中学数学教学思维导向的特征

思维导向的重点是教师能否发挥引导学生思维成长的作用。站在教师的角度分析和观察,可以发现思维导向教学有以下四个基本特征。

(一)情境设计的指向性特征

数学学习内容需要和现实有关联,需要有一定的挑战性,这样才能吸引学生观察,引导学生实验、推理、探究。数学学习是知识慢慢建构起来的过程,知识建构离不开情境的支持,所以数学教学要求教师注重情境方面的设计,让情境更多地联系现实生活,这样有利于学生将学习过的知识应用到具体的生活实际中。

想要实现对学生思维的成功引导,情境就需要发挥自身的功能和作用。情境所显现出来的指向性在一定程度上可以引导学生的思维发展。教师设计数学教学情境时,不能仅追求情境的趣味性,也应该让情境和教学目标有深层次的关联。情境应该助推师生的数学活动开展,甚至引导师生对数学问题的探究,这样数学学习目标才能有效实现。此外,数学情境设计要追求简洁、清晰,这样学生才能从情境中获得有效真实的信息,才能进行概括,才能展开有效思考。以情境为中心，学生可以慢慢地探索到蕴含在情境中的数学目标，进而完成教学由情境向目标的转移。

与此同时，数学情境设计需要考虑到学生目前的认知状态以及学生的现实生活环境，这样数学知识才能更好地和学生的生活经验联系起来，才能更好地被运用。教师应该积极引导学生在数学学习情境中思考。具体来讲，数学概念教学情境设计需要在情境中体现出数学概念；命题情境设计需要通过情境来揭示数学知识是如何发展变化的，经历了哪些步骤；解题情境设计需要一步一步地引导学生、暗示学生可以使用哪些数学方法，要为学生提供解题的线索，这样才能引领学生的思维发展；数学思想方法情境设计需要选择能够体现出数学思想方法的知识，这样学生才能透过知识感悟到思想方法的运用，清晰明白地了解数学研究方法有哪些价值。综合来看，情境设计体现出的指向性在一定程度上就代表了数学教学思维的导向，所以可以把情境设计指向性理解成思维导向教学的基本特点。在新课程改革的背景下，教学情境要联系生活实际，所以数学教师应该设计生活化的数学教学情境，这样才能让学生更好地将数学理论知识迁移到生活中，同时要体现出教学情境的本质作用，那就是引导学生学习更好地为教学活动的开展提供服务。在综合考虑以上要求之后，设计出的情境能够更好地激发学生的思考，促进学生的思维发展。

（二）教学过程的探究性特征

探究指的是探索和研究。探究的具体意思是在更深的层次研究和探讨，研究的具体意思是遵循科学方法钻研、探求事物本质、事物规律。探究学习经常被叫作发现学习，具体来讲，它指的是学生主动在情境中探索，主动寻找问题、解决问题的过程。探究学习显现出了学生学习的积极性、主动性。探究学习最早是在科学课中使用探究学习的方式，后来这种学习方式开始慢慢地应用在其他的学科教学中。

数学教学过程中，如果教师只是单纯地告诉学生数学公式或者数学法则，而没有对公式和法则的行程进行探索，那么学生就很难发现数学学习的兴趣。数学教师应该以知识为中介向学生渗透数学思维方法，引导学生进行科学研究，培养学生对数学的浓厚兴趣，提升学生的数学思维能力。学生阶段的数学思维培养有助于学生后续进行更深层次的研究，也有助于学生学习其他学科。综合来看，思维导向教学属于探究类型的教学模式，所以数学教学思维导向的基本特点是教学过程显现出了探究性。

探究是从没有到有的过程，也是从不会到会、从不理解到理解的过程。思维导向数学教学指出，在学习新的概念、新的理论、新的公式以及新的定理的过程中，可以运用探究教学模式。在这种模式下，教师需要充分引导学生、启发学生，让学生慢慢地从不会、不懂、不理解的状态转变成理解和明白的状态。

教学过程中，经常使用的探究活动有两种：首先，学生自主开展探究活动，自主寻找线索。其次，教师引导和帮助学生主动进行研究探索。在这种类型下，教师需要给予一些暗示性的线索。综合过去的教学案例可以发现思维导向下开展的数学探究活动大部分是第二种类型，一般都需要教师的积极参与、积极引导。

（三）教学语言的启发性特征

人可以从其他人的暗示性话语中领会话语的含义，这是人具有的独特品质，也正是因为具有这种品质，人才能够更有效地吸收知识。引导和启发是教师应该掌握的基础的教学能力。在数学教学过程中，教师可以使用语言、手势、具体的物体、眼神来启发学生，其中最为重要的启发方式是语言。数学思维导向教学过程中，学生需要依赖数学教师给予的启发展开探究活动。

教师语言当中包含的内容可以启发学生的思维，提升学生的数学能力，教师语言当中能够发挥启发性作用的语言可以被叫作启发性提示语。按照语言目的以及语言性质的差异，启发性提示语可以被划分成三种类型：首先是认知性提示语，这类语言可以提示具体的知识和问题；其次是方法论提示语，这类语言可以提醒学生关注某些学习方法、某些思维方式；最后是元认知提示语，这类语言可以调节学生的心理状态，帮助学生调节心情、调节情感。对于数学教师来讲，启发性提示语的运用至关重要，它可以运用到与数学有关的所有课程类型中，也可以应用在各种课程类型的各个环节中。也就是说，它可以在普遍的数学教学活动中发挥作用，启发学生进行活动探究。

数学教师应该借助数学教学活动引导学生的思维发展。数学教师在开展教学活动之前，应该了解学生当下的认知水平以及数学能力水平，然后结合学生当下的状态设计适合学生发展的启发性提示语。教师在设计启发性提示语的时候，应该先让语言和教学目标之间保持较远的距离。这样，教师可以通过启发性提示语的引导让学生逐步地靠近教学目标。教师还可以利用启发性提示语和目标之间的距离远近来判断学生的思维能力是否有所提升。如果学生有了较高的思维能力，领悟性比较强，那么学生会在启发性提示语离目标比较远的时候就受到启发。除此之外，这种设置方式还有一个优点，即使领悟能力高的学生提前受到了启发，领悟能力较低的学生的学习也不会受到影响，他们可以通过教师后续提供的更接近目的的启发性提示语获得启发。

（四）教学内容的思想性特征

数学教学应该以认识论以及方法论的讲解传授为最终的教学目的，当学生掌握了认识论以及方法论知识之后，无论是思维还是认知能力都会有所提升，这有助于学生的终身发展。数学学科教学过程中，需要始终遵循方法渗透原则，数学教学内容的选择要注重思想方法的体现。此处提到的思想方法并不是处理数学问题的具体技巧，而是指可以适用于所有科学研究的研究方法。

虽然课程标准以及数学教材当中已经确定了教学内容，但是，教师可以根据自己的设计编排来展开教学活动。如果教学活动设计得科学合理，那么学生的数学思维能力就会有更好的提升。数学教师应该在备课的过程中挖掘知识中包含着的数学研究方法以及数学思想方法。当学生了解到了具体的思想方法之后，可以更好地开展数学思维活动；教师可以借助于问题特征概括的方式引导学生探究数学方法、数学策略，进而概括和总结数学思想方法。在课程结束之前，教师应该对课程内容当中与思想方法有关的内容进行总结提炼。在长久的坚持、长期的影响和渗透的过程中，学生会逐渐内化理解数学的知识结构、数学的思维结构，并且慢慢地掌握思想方法的运用方式。在长久地运用和坚持实践的情况下，学生自然会具备数学思维能力以及其他方面的科研能力。

数学教师应该引导学生学习数学核心概念、核心思想。随着学习的深入，对于学生来讲，认知能力的提升、思维品质的提升就越需要依赖数学思想方法以及科学研究方法。目前，教师教学过程中存在两个问题：教师没有充分挖掘教材内容当中包含的思想方法，也没有着重解释证明数学思想方法，依然使用灌输式的知识讲授方法。在这样的情况下，学生自然没有办法形成有关思想方法的完整认知，只知道结果却不知道结果是怎么形成的，也没有办法融会贯通、触类旁通。

数学教学思维导向需要着重突出教学内容的思想性，挖掘教学内容当中包含着的思想方法，这样学生才能对思想方法有所理解，才能真正运用。

数学教师可以借助教学活动让学生感悟和理解数学思想方法，也可以借助结论定理的推导向学生介绍数学思想方法。与此同时，教师还可以在建模活动以及其他实践活动中运用数学思想方法，让学生对数学思想方法的理解有一定的升华。

二、中学数学教学思维导向下的学生学习

数学教学思维导向强调数学教师对学生学习的引导和激发，培养学生数学思维和能力，使学生能够运用数学思想方法去解决实际问题，同时，学生的学习也要与教师的指导相互配合，积极发挥主观能动性，通过数学思维活动锻炼自身的思维能力，感悟数学的魅力和数学研究的科学性。

（一）通过主动的思维活动来学习数学

教师在教学过程中只是指导者，学生才是主体，因此学生要积极思考、自主学习。教师的教学要以激发学生学习积极性为主，以培养学生的创造能力。所谓的发挥主观能动性，是学生要对所学内容积极思考，学会反思和总结自己的学习。

传统数学教学模式以学生被动接受为主，教师帮助学生记忆相关知识点并布置练习，要激发学生学习数学的主动性，就需要改变传统的教学方法，以探索、合作、交流、自主

学习等方式为主。这些方式对于学生主观能动性的发挥都有积极的作用，有利于让学生在学习过程中学会创造。由此可知，在数学教学思维指导下的学习应该是学生运用思维活动积极主动地学习数学的过程。必须引导学生参与到数学思维活动中，数学教师才能起到思维指导的作用。教师要顺利实施思维导向教学，需要学生积极配合，对数学感兴趣，在学习中主动探究、发现问题并积极思考。为此，学生在数学学习过程中应该手脑并用，培养探究能力，并能够与他人合作。

（二）根据数学思维活动实现意义建构

在数学教学思维的指导下，学生学习数学的整个过程中，智力扮演着重要的角色。智力的充分参与使学生的思维从具体到抽象，将生活中的现象和数学实际问题转化为高度概括的原理和思想方法，帮助学生从数学语言符号的学习过渡到数学知识体系的建构，让学生在学习中具有整体观念，掌握数学的核心内容。

有意义的学习采用理解的方法，以思维为核心，让学生对学习的知识进行意义建构是教学的最终目的。没有思维和理解是无法做意义建构的。从本质上来看，有意义地学习数学是让学生在所学习的新知识和认知结构中已有的旧知识之间建立联系，这种联系是自然的，而非人为的。因此，数学教学思维导向要求教师做好引导工作，激发学生学习的积极性，让学生的智力充分参与到教学活动中，消化所学的新知识，在新旧知识之间建立实质性的联系，最终让学生形成完善的数学知识体系。

（三）在数学思维活动中获取数学体验

学习数学一方面要理解各种数学概念和原理，另一方面要积累教学活动经验，掌握科学的方法。

数学教师在数学思维导向教学过程中要引导学生充分认识数学的价值和数学的魅力，在学习中体验成功的喜悦，从而让学生对数学感兴趣，在学习数学时更有动力，意志更坚定。在这一过程中，学生也会获得丰富的情感体验；课堂观察、讨论、提出问题、假设验证、总结归纳等实践活动，让学生从数学实际问题过渡到抽象概念原理的学习，最后获得认知体验，从直观到抽象、假设到验证，学生掌握了各种数学学习方法，从而明确科学研究方法的重要性和数学思想方法的严谨性；教师在课堂上还可以向学生展示数学家或自身在学习过程中出现失误及改正的探索过程，同时发现学生的数学思维过程，让学生自我反思、互相评价，借助数学教学的元认知特点，让学生经历元认知体验，提高数学学习能力。

三、中学数学教学思维导向的具体运用

数学教师在对学生的思维进行导向之前，要先启发学生的思维活动，这是必不可少的步骤。教师要对学生的数学探究活动和思维过程进行启发，让学生经历提出问题、解决问

题、得出结论等一系列过程，使学生对数学研究的过程有清晰的认识。

数学科学的研究过程有六个步骤：发现并提出问题、形成某种概念、探究解决问题的方法、提出假设、通过实践去验证、用语言表达出来。数学教师在思维导向教学过程中应该组织探究活动，让学生亲身经历这些步骤。下文将从教学方面出发，对数学教学思维导向的具体表现进行深入分析，从而发现数学教师在教学中运用的数学和科学研究方法，明确指导学生学习数学的具体过程，让学生体验数学和科学发现的奥秘。

（一）基于归纳的概括

人们通常是在经验的基础上开始学习的，也可以说，人们在学习时可以借助已有的经验。我国数学教学的优势是帮助学生掌握基础知识和基本技机能，不足之处在于忽视了对学生数学思维的培养，学生的数学经验积累不够。数学思维训练着重培养学生的演绎能力和归纳能力。学生主要通过观察、归纳、类比、计算、证明等数学思维活动获得数学经验，还有一部分经验是通过做题得来的，其中最核心的是归纳推理。在数学发现中，归纳推理扮演着重要角色，在培养学生数学思维能力方面发挥着重要作用，下文将结合数学经验的积累分析数学思维导向教学过程中归纳推理的重要性和具体运用。

科学研究经常采用归纳法这一基本方法。归纳法指的是提取某一类事物中的个别事物的规律，并将其作为同类事物都具有的普遍规律，在思维活动中就是从特殊到一般的推理过程。在发现数学结论方面，归纳法具有不可替代的作用。纵观数学发展的历史，很多命题都是归纳得出的，然后才衍生出各种证明。

归纳推理包括枚举法、归纳法、类比法、分析法、实验法等多种方法。演绎推理是从一般到特殊，归纳推理则与之相反。归纳推理能有效提高学生的探究能力，使学生对得出的结论有预见性，这是演绎推理不具备的优势。

归纳是数学教学过程中经常提到的词语，数学教师在教学过程中也经常使用归纳法。要考查一个人的思维能力，也主要从归纳和类比两方面出发，越是高年级的学生越应该重视归纳和类比能力的培养。在数学思维导向教学中，归纳推理的具体运用需要进一步明确，归纳法应该贯穿学生数学学习的全过程和各个阶段，无论是学习抽象的数学概念和知识，还是探究解决数学问题和数学方法，教师都要鼓励学生运用归纳法和类比法去解决数学问题，得出数学结论，概括数学概念。

数学教学采用归纳法和类,比法能够帮助学生总结共性，发现问题的本质，也能有效提高学生的数学思维能力。这种教学更加重视过程，能帮助学生积累丰富的数学经验。强调启发和引导学生的数学思维活动，在学生数学思维能力和科研能力的发展方面发挥着重要作用。由此可见，教师在教学过程中让学生经历归纳、类比等过程，实际上是数学教学思维导向的体现。

（二）源于直观的抽象

直观指的是人们对客观事物最直接的认识。数学研究经常使用直观和演绎两种方法，直观是帮助人们获得数学概念、定理和公式的有效方法，而证实就需要抽象概况和演绎。直观仿佛比演绎可信度更高，因为它很简单，就是人们最直接的感受。因此，在展示数学结论时经常使用直观法。

数学概念经历了从直观到形式再到直观的过程，一般科学概念则是从具体到抽象再到具体的过程，前者是后者的特殊形式。数学概念思维中有形式化和直观化两个基本原则，直观化指的是数学概念经过抽象的概括后变得形式化，所以必须在直观的数学对象的基础上进行知识的重构，采用更直观的方式去解读抽象的概念，将其表示出来，最终使思维直观化，并能够具体运用。用认识论和反映论来解释，就是人在认识数学方面具有主观能动性，但若是数学对象在现实中找不到原型，无法获得相应的感知觉，则主观能动性无法发挥作用。然而人的认识能力具有很大的潜力，不只是简单的重复，从数学认识方面来看，人们对于客观事物和各种信息具有加工和创造能力，如想象、形式化等。

在数学教学过程中，教师对学生的思维导向教学可以先采用直观化的方式向学生展示抽象的概念和原理，这样学生就会对数学对象有直观的认识，便于后期更好地学习抽象的数学知识。接着，教师启发和引导学生的数学思维活动，让学生亲自体会从直观到抽象的过程，然后获得数学知识，学生的数学认识也会脱离感性，上升到理性层次。由此可见，从直观到抽象是数学教学思维导向的具体形式。

（三）始于猜想的发现

许多科学发现通常是在实践中产生的，或者从学科自身出发，经过提出问题、提出假设、验证猜想等一系列步骤来验证假设的正确性，然后得出新结论或提出新问题。数学离不开猜想，历史上有许多著名猜想，如哥德巴赫猜想、四色猜想、费马猜想等，其中有的已经解决，有的还是未解之谜。数学家对这些著名猜想反复地论证和反驳，总结出许多数学方法和研究方法，拓展了数学研究的范围，使数学思想和方法不断向前发展。由此可见，提出或验证数学猜想都是推动数学发展的动力。

有猜想才能有论证，猜想是证明的前提，而证明可以推动猜想的发展。在数学证明的过程中，猜想具有重要作用。数学教学虽很难教学生猜想，但如果不教学生猜想，则无法让猜想发挥应有的作用。因此数学教学证明和猜想都要教，不能让学生只知其然，不知其所以然。数学知识在产生过程中存在很多猜想和论证，数学教学不只是要让学生了解数学产生的过程，更应该引导学生发现数学问题、提出假设并验证，只有让学生经历数学研究的过程，他们才能掌握猜想方法，然后进行数学论证或反驳，进而提高推理和演绎能力。

（四）寓于理解的生成

在学习数学的过程中，学生对数学对象意义的理解非常重要，数学教师要注重启发学生的数学思维，让学生真正理解数学知识的意义。理解了数学对象的意义后，学生就会在心理上认同数学知识，这也是数学教学思维导向的体现。但是，在实际教学中，数学教师太注重上课效率，所以将很多数学知识简化了，而被简化的知识对学生的学习有重要意义，没有了思考过程这一重要步骤，学生看到的只是数学思维的结果。形式化的数学表达和解决数学问题的过程中就蕴含着数学思想方法和研究方法，这些都被隐藏了。长时间采用此种教学方式，学生对数学知识没有心理认同感，久而久之就会失去学习兴趣，就会采用记忆和模仿的方式来学习数学。所以数学教师需要实现对学生的数学思维导向，在无形中启发和引导学生。教师可以通过实践、探索、讨论、交流、体验等方式循序渐进地让学生理解数学知识，进而理解数学知识的意义。与此同时，教师对数学知识、数学方法、科学研究方法的认识与理解也决定了数学教学思维导向的最终结果。

第三节 中学生数学思维能力的培养

一、中学生数学思维的本质与能力培养特征

（一）数学思维的本质

数学思维指的是人的大脑能综合地、间接地把客观事物的空间形式与数量关系反映出来，是推理、判断的心理过程，这个过程是由符号与文字构建形成的。当学生遇到数学中的一道难题时，解决疑问的动力会促使学生寻找问题中显示出来的条件、结论、图形等已知信息，通过接受与感知这些信息，攻破其中的熟知部分，用大脑分析不熟知的部分，进而开展工作记忆，在探索问题、解决问题期间获得成功以后做好整理与说明，再进一步检验这些形成的结果，这个过程结束时也就意味着数学思维过程的结束。

数学思维作为一种思维，一方面具备思维的一般属性，另一方面具备与一般属性完全不同的、特殊的性质。比如，在研究数学期间，相似性、严谨性、整体性和问题性等特殊的数学思维性质都被数学思维载体——简约的数学语言以及数学符号的结构性和抽象性特征所决定。

一般情况下，数学思维根据思维活动的大体规律能分为三种类型，即数学的形象思维、数学的直觉思维以及数学的逻辑思维。

（1）数学的形象思维。数学的形象思维指的是个体依据客观事物表现出来的特征而开展的思维活动方式，想象与表象是这种思维的基本形式，其中，表象属于数学形象思维

的基本元素，联想、猜想、观察、类比、实验是表象的主要方法，这种思维方式能让个体有意识地对客观事物具体的表象资料进行加工，从而得到一定程度的领会。第一，数学想象是非常重要的数学想象思维形式，指的是个体为了创造出全新的数学表象，即创造性想象与再造性想象，借助已有的数学方法、思想和知识，收集大量的客观事物的表象后再加工与整理的思维方式。创造性形象依靠某些理论、任务以及目的，而不依靠已知的图形的展示、几何形式的语言文字描述以及数量关系。再造性想象在数学中指的是个体为了把新表象的思维创造出来，需要依靠已知的图形的展示、几何形式的语言文字描述以及数量关系。第二，数学表象是一种概括性的、抽象的观念性形象，针对的是客观事物的形式结构或者形体特征。数学表象有很多，如所有的符号、语言、函数图象、几何图形、统计图表以及数学概念等，它们是有着一般性质的、理性化的数学形象。

（2）数学的直觉思维。数学的直觉思维指的是以大量的实践经验与基础理论为前提，在刚碰到数学难题并对其全方面地观察以后，在短时间内形成的从本质上认识该难题、没有经过逻辑判断的认识，属于下意识的、本能的、快速的判断，能够指引着问题的解决进程。这种思维虽然不是逻辑性的，但是也具备很重要的特征，如或然性、直接性、整体性和不可解释性等。

（3）数学的逻辑思维。和数学的直觉思维不一样，数学的逻辑思维具备逻辑性与抽象性特点，是通过已知的数学公式、定理以及概念展开一连串的推理、判断以及论证等思维过程，其中，思维期间最常用的数学方法包括分析、对比、概括、抽象、总结以及演绎等，同时要求在反映数学问题的根本规律时使用数学的符号和语言的思维方式。数学问题在论证与推理时应该根据某些理性逻辑完成，论证与推理的过程不能缺少严密的逻辑系统，这些过程要求叙述数学公式、概念以及定理时使用总结性的、抽象的叙述方式。除此之外，数学逻辑思维的逻辑要求非常严格，逻辑规则法与推演法是逻辑思维的辩证逻辑与基本规律，是逻辑思维与其他思维不同的关键特点，人们在严谨的逻辑推理中能不断突破自己，全新的知识由此产生，思维成果的可信性也会因此提高。

综上所述，教师应该在数学的教学过程中把学生的形象思维、直觉思维以及逻辑思维能力培养起来。除此之外，空间想象能力不仅是形象思维能力之一，还是和几何形式相融合的成果；运算能力不仅是逻辑思维能力之一，还是和运算技能相融合的成果。主体就是形象与逻辑思维，主体水平得到一定程度的提高是直觉思维获得发展的前提条件。

（二）数学思维能力培养的特征

中学生的数学思维指的是在学习数学过程中，为了提高中学生认识数学的规律与本质的能力，以学生感性地认识数学问题为前提条件，使用多种数学的基本方法，如分析、综合、演绎、类比与归纳等开展论证与推理，从而对数学知识有一定的理解和掌握，用数学知识解决具体的数学难题。

中学生的数学思维发展有一定的特征，主要包括两方面：一方面，抽象逻辑思维发展速度越来越快，逐渐把有一定优势的地位占领，与此同时，随着逻辑思维的不断发展，形象思维也在逐渐提高，抽象逻辑思维与形象思维在学生学习过程中齐头并进，产生了质的变化，对学生的学习有很大的帮助；另一方面，思维的多种特性有明显的提升，如评判性、发散性、灵活性、深刻性以及独立性。不同学生在发展期间遇到不一样的问题时表现的并不一样，而且缺乏成熟感，容易导致表面性与片面性，这些皆是因为学生缺乏足够的知识和解决问题的实践经验。

二、中学生数学思维能力培养的重要意义

思维是人的大脑总结的间接反映客观事物的普遍规律与特性的过程，是以感知为前提的高级认识方式。作为人的理性认识活动，思维不仅能推动人类社会向前发展，还能推动人类本身的智能向前发展。在数学的学习期间，思维过程无处不在，教师可以通过数学教学把学生的思维能力培养起来。现代的数学教学愈来愈注重对学生思维能力的培养，很显然，这不仅是数学教学改革关键的发展方向，而且是中学数学教学关键的一项任务，也是一项把素质教育落实好、把学生的智能开发好、把学生的素质与能力提高的关键手段，这不但是目前数学教学发展的确定趋势，还是一种必然的需求。这种需求要求应试教育必须转变为素质教育，要求教育应该做到面向全世界、面向现代化、面向未来。因此，把中学生的思维能力培养好是数学教学永远的主题，具有极其重要的理论与现实意义。

（1）把中学生的思维能力培养好是必不可少的完成素质教育的前提。落实素质教育的根本意义，一方面要将国民的基本素质提起来，另一方面要对学生实践能力与创新精神的培养有着足够的重视，只有这样才能把德智体美劳全面发展的，有理想、有道德、有文化、有纪律的"四有青年"培养出来。所以，让中学生的思维能力得到更好提升极其重要。

（2）把中学生的思维能力培养好是数学新课程标准的观念。数学新课程标准提出，数学教育的基本目标和重点目标就是要让中学生的思维能力得到更好的提升。中学生在学习数学知识、用数学知识解决现实的数学问题过程中，关于数学直觉的观察、发现、感知、猜想、归纳、类比、推理和证明、运算和求解、抽象的概括、空间立体思维的想象或者合理的分析数据以及运用数学的符号等都会慢慢地经历，最后开始反思、归纳建立的思维过程，数学思维能力的发展和学习会具体表现在这些感知过程中，一方面不仅对学生数学能力的发展进步有一定的帮助，还能对学生判断与思考存在于客观事物中的数学原理有一定的推动作用；另一方面对学生形成好的理性思维也有很大的帮助。到最后，思维能力对于让学生拥有好的数学思维品质、使用数学的方法针对客观事物进行分析与解决有很大的推动和促进作用。

（3）把中学生的思维能力培养好是改革数学教学刻不容缓的任务。目前，初中的数学教学有很多应试教育的情况，如教师的讲解、学生的练习以及考试非常多，学生的压力过大，学习积极性不高，对数学的学习兴趣也越来越低，思维能力也不能更好地发展，创新精神得不到提高，日后的深造也会受影响。现在迫在眉睫的任务便是有效解决这些问题，依据教育的规律和要求，注重培养学生的能力。

（4）把中学生的思维能力培养好是面对现实生活的重要任务。新课标中添加了"实践与综合运用"要求，一方面是为了启发学生感知其他的科目、实际生活以及生活经验与数学思维之间的关系、数学在人类的发展变化中起到的作用，另一方面是让学生感知数学内部的各种关联。新课标的原则就是实践与综合运用，可以让学生拥有获得新知、分析与解决问题、合作与交流的能力，让学生得到更好的发展，将创新和改革精神展现得淋漓尽致。不一样的人学习到必需的、有价值的数学以后可以得到不一样的前景。

如今的教师应该做到推陈出新、紧跟时代步伐，把旧的、不好的思想都丢掉，坚持学习实践经验，及时改进和完善教学观，把学生的思维能力培养起来，让学生得到更好的发展。

三、中学生数学思维能力培养的影响因素

（一）数学知识与认知结构

所有中学生的头脑中早已经积累了足够的数学知识，当学生碰到自己难以解决的生活困难或者数学问题时，首先会从脑海里搜索相关知识。但如果学生脑中的数学知识存储量非常有限，那么一旦遇到困难就没有办法对自己的思维进行整合。比如，有的学生即使知识量非常充足，但是他们不会综合系统地使用已有的知识体系，相似的知识点有时候甚至难以辨别，遇到问题时依然没有办法解决。因此，学生若想灵活地把自己学到的知识运用起来，就必须把自己学到的知识组建成比较完整的知识结构。

（二）智力水平因素

不同的个体有不同的智力水平，而智力水平会对学生的数学思维能力起到至关重要的作用。使用知识的能力和接受知识的能力是智力水平高低的主要表现。学习新知识的课堂中，存在着能及时掌握新知识和不能及时掌握新知识的学生，这主要和学生自身的接受能力相关。接受能力比较弱的学生的课后作业正确率比较低，而接受能力相对强的学生课后作业的正确率则比较高。若学生有很强的接受能力，那么他们对知识的运用能力也会比较强。运用知识的能力指的是学生在与新的数学问题或者新鲜的事物接触时，会选择、联想储存在脑海里的数学知识，最后再把这些数学知识应用到实践中。接受数学知识、应用数学知识在培养与发展学生的数学思维能力中有着不可或缺的作用。

（三）非智力因素

非智力因素不是死板的、不可控的因素，而是能变通、能支配的因素，它对学生的数学思维能力不只能促进，还会抑制和阻碍。这是因为非智力因素涉及的内容比较多，如学生自身的心态、四周的环境等。比如，当学生处在非常嘈杂、不利于学习的环境中，即使在教室学习很长时间也不会有很高的学习效率；而当四周环境舒坦清静时，学生会有比较好的学习效果。再如，如果一个学生的学习心态非常消极，对待所有事情都是消极的态度，他的数学思维能力不会有大的提升；相反，如果一个学生的学习心态非常积极，对待所有事情都是积极乐观的，长此以往，他的数学思维能力就会得到很好的提升。

四、中学生数学思维能力培养的具体方法

（一）加强情感与心理的培养，激发积极思维

1. 创设和谐的师生关系

人与人之间需要通过情感交流建立良好的人际关系。通常情况下，学生喜欢某一门学科的原因是喜欢学科任教师。教师不仅需要全面地关心和照顾学生，还需要努力塑造自身的整体形象，如教师应该具备良好的外在形象和气质，应该具有广博的知识、独特的语言方式以及灵动的教学形式等，进而让学生更能亲近和喜欢教师，让学生积极投入学科的学习。因此，促进学生学习的重要依据是创设和谐的师生关系。

2. 激发学生学习的兴趣

从学习的角度来看，兴趣属于非智力因素，是学习的强催化剂，是学生学习最好的教师，天才的成功往往基于兴趣和爱好；学生在强烈兴趣的推动下，会不断增加学习积极性，更加主动地学习和探索知识，进而掌握创造性知识。学生的学习兴趣不是与生俱来的，需要在后天的教育和环境中不断发展和成熟。思维训练必不可少的条件是激发学生学习数学的兴趣。

首先，将数学史和数学教学有机整合，不断激发学生的学习积极性。在数学课堂中，把丰富多彩的数学史料融入其中，让学生充分了解和掌握数学的演变史以及数学定理、概念等知识的来之不易，让原本难以接受的数学知识变得更具人性化，进而激发和培养学生对数学学习的情感。

其次，通过学以致用增强学生对数学学习的兴趣。把数学知识和学生的日常生活联系在一起，从学生身边的事物出发，让学生观察和探索数学知识在生活中的运用，由此加深学生对数学学科的理解和掌握，从实际操作中感知数学的重要性和趣味性，并通过实践体验让学生将数学知识和实际生活紧密相连，做到学以致用，最终激发学生学习数学的兴趣。

再次，时常激励学生，让学生保持良好的学习状态和兴趣。在学生主动参与学习的过程中，成功可以促使学生形成积极的情感态度，让学生保持积极乐观的进取精神。教师在授课的过程中应该多注重学生的自主发言，在符合数学客观事实的前提下，教师应该多赞扬、启发和激励学生。此外，教师还可以在平时的作业批改和考卷批改中多鼓励和赞扬学生，可以在作业本和试卷上写一些鼓励学生的语句，如"你的字干净整齐，真让人赏心悦目"等。教师在日常教学的过程中应该善于发现学生的进步和闪光点，善于发现和挖掘每一名学生的潜能，时常激励和表扬学生，这些激励和表扬可以有效促进学生的学习，提高学生的学习兴趣。

最后，引导学生深入思考和探索数学知识，激发学生的学习兴趣。思维源自疑问，在教学的过程中，提出问题比解决问题更重要；在提问的过程中，学生可以最大限度地调动自己的积极性，将被动学习转变为主动学习，进而培养良好的学习兴趣。采用提问题的方式不仅可以满足学生的求知欲，还可以为学生创设良好的机会，培养学生积极思考、追求真理、自主探索的良好品质，进而不断激发学生对数学的学习兴趣。

3. 关注学生思维的发展

在组织教学的过程中，教师应该引导学生积极参与到课堂中，具体的过程是：先让学生提前预习新课，再让学生自主发现问题并解决问题，再由学生归纳解决问题的方法，引导学生敢于探索知识和突破自己。如果某个环节出现问题或错误，教师也应该积极地引导和鼓励学生，和学生共同解决问题。在探索和解决问题的过程中，学生通过实践体验加深对问题的认识，提升学习积极性。

（二）加强数学思想方法教学，挖掘学生思维潜能

加强数学思想方法的教学是促进学生思维能力发展，使其形成良好的思维品质的素质教育的重要内容。

1. 重视知识的发生，加强思想方法培养

数学教学的过程中，探索知识和应用知识属于两个重要的教学阶段。知识的形成需要建立在新旧知识融合的基础上，在获得新知识的过程中，需要对新知识进行概念理解、结论猜想以及方法探索等。应用知识建立在充分掌握旧知识和结合新知识的基础上，将新旧知识融合应用才能进一步理解和巩固知识。

在理性思维形成的过程中，数学思维能力发挥着独特的作用，因为数学的特点是高度抽象化，所以学习数学知识需要掌握数学的基本概念，了解其形成过程。教师在教学过程中应该引导学生通过具体实例认识抽象的数学概念，并通过初步运用不断理解数学基本概念的本质。

对于数学基本概念中的公式和定理等，教师应该注重它们的教学过程，并不断引导学生以感性、直观的背景资料以及掌握的知识规律弄清楚抽象概念，引导学生不过早地下结论，而是通过实践证明抽象的概念知识，引导学生正确思考，让学生理解和领悟概念中的基本方法和思想。

总之，教师在教学的每一个环节都应该注重正确的引导，不放过每一个传播数学思维方法的机会，并通过长时间的培养和训练让学生不断实现数学思想自由和数学方法自由。

2. 做好整理总结，重视思想方法的概括与提炼

运用数学思维方法的重要载体是数学知识，在数学知识体系中，各知识点的分布比较分散，此种教学方式可以让学生学习和巩固数学思维方法，并且符合教学认知规律，在潜移默化中，学生不断感知和掌握数学思维方法。但是，同一个数学问题包含了各种各样的数学思维方法，且这些方法分布于不同的数学问题中。通过经常总结和分析，纵横向复习数学知识，学生可以有效掌握数学思维方法。

3. 强化解题教学，突出思想方法的指导与统摄

强化解题教学不只是为了解题而解题，最重要的是通过解题总结和归纳数学解题思路，不断升华数学思维高度；在解题的过程中，还应该不断强化数学思维方法，为解题提供有效的途径。

在解题的过程中引导学生应用数学思维方法。教师在解题教学的过程中应该善于运用典型事例解题示范。需注意的是，不是简单地为了解题而解题，更重要的是掌握解题思路和数学思维方法，并从数学思维角度指导教学，给学生示范正确的解题方法和思路，不断培养学生使用数学思维方法解决问题的习惯。除此之外，教师还应该指导学生充分掌握不同题型的解题思路，形成自己独有的数学思维方法，通过不断思考和探索，找到解题的根本。

在解题反思的过程中引导学生领悟数学思维方法。在解题过程中，反思是必不可少的环节。无论哪一种数学问题，它的解题方法都不是完美无缺的，总存在一些缺憾，因此，在解题过程中，师生应该充分钻研和探讨，不要有遗漏，利用不断反思，不但可以优化解题的过程，还可以深化学生的思维活动，并丰富学生的解题经验。比如，教师引导学生进行自我检查的过程中，可以引导他们反思自己运用了哪些思维方法和策略，一旦遇到错误的解题方法，教师一定要引导学生反思出现错误的原因，由此加深学生对数学思想方法的认识。

在解题的过程中突出和加强数学思想方法对解题的指导作用。数学思想方法可以帮助学生解决以后遇到的题目，不管是复杂性的题目，还是综合性的题目，它们的解题思路和方法都是经过高度概括形成的，因此，一定存在合适的可以解决比较复杂的题目的思想方法。所以教师应该加强指导和训练学生的解题思路，这也是数学思想方法教学非常重要的一部分。

（三）强化思维品质教学，提高学生思维能力

1. 采用变式教学，培养思维的发散性

变式教学是指从不同角度和不同情形分析数学概念和问题，以此展现数学问题的结构性和规律性以及数学概念的本质和清晰外延，并充分揭示数学知识的内在关系。变式练习是指将上述材料转变为书面作业提供给学生，让学生在完成作业时可以多角度分析和比较不同的数学概念和问题，充分掌握概念的本质属性以及解题思路和问题分类。变式练习可以分为问题变式以及概念变式。从本质上来说，变式是不断深入探索问题的方式，需要学生多角度地、全面地分析和解决问题。组织这种训练可以开拓学生的思维，将学生的思维不断发散。

2. 转变思维肤浅性，培养思维深刻性

通常情况下，学生对概念的了解并不充分，在做练习题的时候，也不会注重解题方法的本质，因此，学生在思维上存在一定的惰性。除此之外，学生的惰性思维还体现在推理的定型化上，习惯于按部就班，不喜欢深入思考和探索新的解题思路。要想使学生克服惰性思维，最重要的是打破学生表面化和绝对化的思维习惯，培养学生深入思考的习惯，引导学生敢于探索和认知新的事物，不断深化学生的思维方式，具体方法包含以下三种：

运用对比教学，加深学生对概念的认知和理解。大部分数学概念之间都存在一定的联系和区别。因此，学生很难清晰地区分它们的本质属性。所以教师在教学的过程中可以采用比较的方法把它们区分开来，并对比和分析它们的本质属性和特点。除此之外，教师还可以通过对比概念内涵以及外延概念，让学生明确概念的内在含义。通过对比，学生可以清晰地分辨它们的不同之处和相同之处，进而更加深刻地理解和掌握不同的数学概念，掌握更加深刻的思维方法。

深化学生对数学概念的全面理解。数学概念包含定理、法则以及公式，在教师的引导下，学生应该充分理解和掌握它们，不断感受和领悟这些概念的精神实质。

运用开放式教学加深学生对数学问题本质的理解。在新课改的大力推行下，一线教师的教学理念得到了全新的改革。新课改强调，教学应该更加注重沟通、理解以及创新，学习的过程不是简单地把知识机械化地装进头脑，更重要的是分析、反思和总结学习的内容，只有这样才能让知识真正地属于自己，进而将知识应用到日常的学习和生活中。将开放式教学融入数学教学，在传统数学教学模式的基础上，加强师生之间的沟通交流，此种教学方式可以有效提升学生分析、思考和解决问题的能力。开放式的数学教学主要包含数学教学知识、数学教学活动以及教学知识和学生之间的关系等。具体来说，教师应该坚持以学生为主体，引导学生积极参与教学过程，由此促进学生探索和研究数学概念的本质。

3. 摒弃思维呆板性，培养思维灵活性

在教学过程中，教师过度强调模式化和程序化不利于培养学生思维的灵活性，因为模式化的教学只能引导学生按部就班地解题，导致学生的思维呆板。除此之外，注入式的教学方式不利于培养学生的应变能力。思维的灵活性主要体现为学生可以迅速联想，将自身的知识整合在一起，形成自己独特的思维，并根据具体情况做适当的调整，形成符合原有思路的思维过程。

通过启发式教学打破固定思维的消极影响。在解题过程中，教师引导学生共同参与活动，充分调动学生的思维，通过不断交流信息，教师和学生的思维都得到充分展现，并且通过不断反馈和调整优化师生的思维。

通过灵活运用条件提升预算的便捷度。有时，在教学中帮助学生解决问题并不难，难的是学生怎样快速掌握便捷的解决问题的方法。掌握有效的解决问题的方法需要灵活的思维，这是形成思维的重要品质。思维的灵活性主要表现为是否可以快速、有效地解决问题，是否可以通过已知的因素创造出新的因素，在复杂的因素中找到问题的本质属性，进而掌握更加全面、系统、快速的解题方法和思路。所以，在教学的过程中，教师可以通过发现法观察学生的思维变化和思维进步。

（四）注重数学语言的教学，提高思维效率

数学是一门独特的学科，在叙述和论证的过程中，需要通过特定的数学语言系统进行验证，所以数学语言不但对数学的发展起到了至关重要的作用，还促进了数学教育的发展。在数学教学中，数学语言必不可少。数学语言是展现数学思维的重要载体，也是教师和学生进行数学交流的重要工具，它的特点是准确精练、清晰严谨。数学语言又可以分为文字语言、符号语言以及图形语言。

其中，文字语言是最基本的组成成分，它主要运用于数学概念、定理以及证明的描述。符号语言属于数学符号的表达语言，包含运算符号和公式符号等，它们的特点是精确、抽象以及简洁，书写和计算都非常方便，并且符号不会具有双重含义，因为数学具有抽象性，所以数学符号也是抽象的。一般情况下，图形语言通过图形表示，它是数学的直观语言。大部分情况下，图形语言的解题方式更加简洁明快。

1. 合理使用数学符号

第一，通过数学符号理解数学概念。数学知识中的概念、命题和定理等无处不在，这些数学元素是学习数学知识的基础，也是交流数学知识的重要条件。在数学概念中，数学符号起到了至关重要的作用，有一些数学概念先形成文字语言再形成数字符号，更加抽象的概念则用数学符号表示。

第二，通过数学符号简化数学推理。推理和论证数学知识需要具备强大的数学思维逻辑，如果通过文字表述数学概念，很难表述清楚，但数学符号可以简洁、明确地推理出数学概念。

2. 强化数学语言训练

能力的重要核心是思维，语言可以表现思维，可以充分表现思维的外在形式。表述和研究同一个数学问题可以采用多种形式表达，不同的语言表达方式具有不同的特点，并且最终形成的效果也各不相同。文字语言便于表述数学的含义；符号语言简洁准确，便于计算和推理数学概念；图形语言直观形象，便于解决问题，提供的思维模型更加直观清晰。在转换数学语言的过程中，学生可以更加全面地理解、解决和掌握数学材料及问题，因此，数学语言的转换对快速、正确地理解题意和解决问题具有至关重要的作用。

3. 营造交流合作氛围

在教学的过程中，教师和学生积极沟通是数学课堂教学最常见的策略。大脑通过数学思维有效地运用数学语言，形成独特的数学思维系统，教师在引导学生把内在思维转化为外在语言的过程中，最重要的就是加强与学生的交流，通过师生之间的有效交流加工和整理内部的思维活动，进而有效地表述思维结果。除此之外，数学语言还可以加深学生对数学问题的理解和掌握。在表述、解释及数学语言的过程中，学生的内部思维活动一直保持在清晰、明了的状态，以帮助学生理解和解决各种问题。与此同时，有效交流可以让学生相互学习借鉴，始终保持良好的数学敏锐度，逐渐养成敢于质疑的习惯，进而激发学生的探索精神和求知欲，不断提升学生的数学能力。

五、中学生数学思维能力培养的多维体现

（一）数学思维品质培养

1. 教师要系统教授学生数学思维品质的理论知识

（1）教师必须帮助学生建立起系统的理论知识框架，对主要的知识进行模块划分，然后分模块具体进行理论知识讲述。例如，对于数学思维板块，先从思维的相关知识入手，然后进一步论述不同类型数学思维的概念和一般特征，最后深入探究其具备的数学思维品质以及如何应用。

（2）教师要帮助学生认识到数学思维品质对于数学学习的重要性和指导价值，帮助学生构建起基本的数学思维，然后引导学生充分发挥出主观能动性，通过多种学习途径提升自身的数学思维品质水平。

（3）教师在数学教学的过程中，要灵活运用多种数学思维方法，尽可能地帮助不同的学生找到最适合他们的数学思维形成方法。

2. 教师要通过职业示范性在无形中陶冶学生情操

教师是学生最直接的学习来源，所以教师的职业示范性对于学生的成长与发展具有重要的推动作用。在教学过程中，教师的职业示范性主要体现在日常的言谈举止、道德思想、知识储备等方面，学生在学习的过程中会自然地效仿教师的一些行为，并对自己产生影响。所以教师在进行数学教学的过程中，要时刻关注自身的各种行为和思想变化，让学生以自身具备的优秀数学思维品质为榜样，激发学生不断完善自身数学思维品质的积极性。例如，教师在课堂上针对某一题目讲解解题过程时，在读题、分析题、解题三个步骤中均充分体现出数学思维严谨性的重要性，教会学生认识到解数学题最重要的是挖掘出题目中蕴含的数学思维，然后按步骤有序逐步拆解。

3. 教师要培养学生良好的读题与解题习惯

良好的读题和解题习惯也是学生数学学习的主要内容之一。一些学生对数字公式记忆得十分深刻，知识储备十分丰富，但经常做错题。通过分析这类学生的答题过程，能明显看出导致这一现象的根本原因在于学生没有养成良好的、正确的、规范的读题与解题习惯，会经常性地出现看错数字、小数点错位、数学条件混淆等，这其实也是数学思维品质不够完善的表现。对此，教师要着重长期培养学生形成良好的读题与解题习惯，使其形成固定的思维模式。教师可在教学的过程中多次正确示范，给学生建立起正确的模仿对象。另外，教师还可以对于学生作业中的解题过程进行详细批改，指出学生存在的问题，督促学生及时改正。

4. 教师要加强训练学生对题目的深层次解读

数学题不仅考查学生对于数学理论和数学公式的理解，而且考查学生的文字理解能力和综合分析能力。在日常的教学过程中经常可以看到此种现象，即学生能够很好地理解单一的数学公式，但是在解相关的题目时，往往毫无头绪，导致这种现象的最根本原因就在于学生没有读懂题目，不能够理解文字之间的逻辑关系，自然也就无法提炼出解题所需要的隐藏数学条件，即使学生能够对于数学公式倒背如流也无法正确解题。所以教师在教学过程中要教会学生如何读题、如何读懂题，随着目前数学题目的设置越来越青睐于长段文字题目，训练学生能够深层次解读题目更加重要。

此外，很多数学题目存在多种解法，有的数学思维简单但解题步骤烦琐，有的数学思维灵活深奥但做题效率高，但是数学教学的最根本目标并不在于培养学生具备如何高水平的计算能力，而是使学生具备高质量、高层次的数学思维品质，能够将复杂的题目化繁为简，运用灵活的数学思维解答题目。所以很多学生总是选择最基本的数学公式，通过复杂的计算"直接"得出结果，这在很大程度上与数学教育的核心背道而驰，而这同时也显现出了学生还未形成高水平的题目解读能力，没有从根本上理解题目内容，对于题目没有形成宏观且逻辑严密的认识。

对此，教师要有计划地、系统地培养学生读懂题的理解能力，让学生从复杂的题目之中发现清晰的数学逻辑关系，这一方面需要教师"引进门"，为学生对于不同的题目类型进行解题示范，让学生认识到不同的解题方法和解题思路；另一方面则是学生掌握了一定的解题技巧之后，通过大量的练习与思考，真正掌握不同解题技巧所适用的题型与题目特征，进而熟能生巧，达到灵活运用的效果。

5. 教师要激发学生对知识的求知欲与好奇心

由于数学是逻辑性、严谨性很强的学科，所以还未具备成熟数学思维模式的学生具备一定的学习抗拒性，尤其是在刚刚接触一个新知识的时候。对此，教师如果使用较为强制、固化、僵硬的教学方法，必然会导致学生的逆反心理和抗拒心理加深，长此以往学生就失去了学习数学的兴趣与耐心。而求知欲和好奇心才是学生学习最好的教师，所以教师要通过多种途径和方式激发出学生对于数学学习的学习兴趣和积极性，让学生认识到数学十分有趣，主动学习。当学生对于数学学习产生学习欲望之后，其数学思维自然会得到拓展与丰富，创造性也会被随之被激发出来。带着这种心态学习数学，学生的逻辑思维、知觉思维以及思维的敏感性和创造性都会得到很好的锻炼。所以教师要意识到求知欲与好奇心在教学过程中发挥的作用，在教学计划、教学安排、教学情境甚至学生的课后作业中都要有所体现，贯穿学生的整个学习过程。

6. 教师要帮助学生培养自我监控能力

仅依靠教师的推动作用带来的学习效果往往是不长久的，需要学生充分发挥出学习主动性，其中最重要的一点就是自我监控的能力。自我监控能力是指学生不在外力的督促和推动下，能够合理地计划、安排、执行、监督、检查、评估和调节自身的学习过程和学习环节的能力，这种能力与学生自身具备的数学思维品质紧密相关。数学思维品质高的学生，自我监控能力一定很强。所以教师在培养学生形成完善的数学思维品质的过程中，要不断地提升学生的自我监控能力。

第一，教师要帮助学生对于自身的数学学习情况和未来的数学学习具备宏观的认识，只有在此基础之上的学习计划与安排才是合理的、科学的；第二，教师要提升学生的自主执行能力，即学生能够脱离于教师的强制性教学安排完成一定数学知识学习或数学作业，一方面需要教师激发出学生的学习积极性，促使学生带着学习兴趣主动学习，另一方面教师要循序渐进地给予学生一定的学习自主安排空间，逐步锻炼学生的执行能力；第三，教师要培养学生的自主检查意识与技能。学生在数学学习的过程中不可避免地会出现粗心、审题不认真、计算不仔细、知识不牢固等问题，通过自主检查，学生能够及时地发现自身存在的问题，并加深印象，减少同类型错误出现的频率。

（二）数学抽象思维培养

1. 制订有助于数学抽象思维发展的教学目标

教师在制订教学目标时，应树立发展学生数学抽象素养的意识。学生的数学抽象素养不是一朝一夕形成的，而是在漫长的学习过程中逐渐形成的。数学抽象思维的发展轨迹具有一定的阶段性和连续性，因此，教师应针对这一特点制订符合阶段和课时的教学目标。要将总的教学目标分解和细化为每课时的目标，使之更加具体和可操作。在执行过程中，要重视目标的完成效果，保证学生能够在每一阶段稳步前进，从而实现最终的教学总目标。需要注意的是，数学学科中的每一个核心素养都不是孤立的，它们是具有紧密联系的整体，因此，数学抽象素养的培养过程中也会涉及其他的核心素养。

设置教学目标可以从以下四方面入手：关注学生从情境中抽象得到数学问题的能力的培养，提升学生的数学核心素养；关注学生在知识之间建立起联系，从而使所学知识形成体系的能力；设置合理的课堂活动，以帮助学生积累活动经验；设置讨论交流与总结反思环节，为学生思考与感悟留下充足的空间。举例来说，在关于函数性质的教学中，目标的设置应符合以下四点：培养学生在情境中发现、提出函数性质的问题的能力；能够将函数性质与概念结合起来，构成系统、完整的函数知识；重视学生个体能力和习惯的培养；在课堂活动的过程中交流、反思、感悟函数思想。教师在制订目标的时候要从教学内容出发，将培养学生的数学抽象素养融入具体的内容。

2. 创设有利于数学抽象素养发展的教学情境

创设问题情境的好处在于，能够使学生更快更好地接受新知识，并且可以通过情境创设帮助学生将所学知识与实际生活联系在一起，将学生带入科学化、社会化和生活化的氛围，有利于激发学生的学习热情，引发学生的探究兴趣，培养学生的数学抽象思维。好的情境创设应符合学生的实际智力、知识和能力水平，应充分联系社会文化背景，在这样的情境下，学生能够直观地感知形象，有效发挥联想，充分利用旧有的知识和经验来学习、理解新的知识，从而完成知识的建构。

创设数学情境和设置问题一定要从具体的教学任务出发，同时，因为情境和问题是多样的，因此可以选取学生熟悉的生活情境去设置。创设情境可以使抽象的知识变得具体，还可以激发学生的求知欲，使学生愿意主动参与到教学活动中，从而更好地理解和掌握知识。此外，教学情境的创设可以打破固有的课堂模式，让学生能够真正体验生活中的数学，做到学以致用，用数学思维解决生活中的实际问题。教师在具体设置情境时，可以加入发现知识等内容，让学生亲身体验发现、探索数学知识的过程，并掌握方法，实现再发现。此外，教师还可以借鉴其他学科中的资源，加强学科之间的联系，让学生感受到数学无处不在的魅力和价值，这既培养了学生的科学素养，又培养了学生的人文素养，从而不断提升学生综合分析和解决问题的能力。教师在提出问题时应充分考虑学生的既有知识及掌握程度，然后以此为依据结合新知识提出问题，让学生能够将新旧知识结合起来，从而构建数学知识体系。科学合理的情境与问题是学生理解数学本质的方法，也是学生发展数学抽象素养的重要路径。

3. 以系统性的知识促进抽象素养的持续发展

数学知识与技能对培养学生的数学抽象素养具有十分重要的作用。数学素养蕴含于数学知识中，数学知识是数学素养的重要载体，很多抽象的内容（计算、数量、图表、图形等）都离不开相应的数学知识。对数量、图表等进行分析，挖掘其想要表达的含义，提升学生的抽象能力，比单纯的传授知识和教会学生解题更有实际意义。数学知识彼此间不是孤立的，它们具有十分紧密的联系，同时数学学科也不是孤立的，它与其他学科之间也有着千丝万缕的联系。在实际教学过程中，教师应充分认识和理解知识与知识之间的联系，并在教学设计中强化这种联系，要以旧知识为基础传授新知识，并密切关注学生学习新知识的过程，帮助学生建立起系统、完整的知识体系。

为巩固新知识，教师在习题的选择上要丰富多样，呈现形式也应不拘泥于一种或者两种，要通过习题帮助学生学会全面、多角度地分析问题，透过复杂多样的表面揭示问题的本质。只有这样，学生在面临比习题更加复杂的实际问题时，才能做到整体思考、合理推断、学以致用，才能真正提升数学抽象素养水平。

4. 通过感悟方法来促进数学抽象素养的养成

数学思想方法指的是在认识数学知识的过程中所提炼出的数学观点。数学思想方法是数学的灵魂，具有一般普遍的指导意义。数学基本思想包含数学抽象，因此，要引导学生在学习数学知识的基础上领悟内在的数学思想方法，使学生能够真正认识到数学的工具性和价值，建立起科学的数学观，从而提升运用数学方法解决实际问题的能力，促进数学抽象素养的养成。

教师在教学过程中，要不断深入挖掘教学内容中所蕴含的数学思想方法，然后通过科学合理的方法帮助学生体会、理解和掌握这些思想方法。以数学概念的教学为例，概念教学中的思想方法可分为发生和应用两个阶段，学习新的概念就是思想方法的发生，利用概念解决问题就是思想方法的应用。在发生的过程中，教师应通过生活中的实例或让学生亲自实践得到定义，而非直接给出。让学生在获得定义的过程中总结具体问题和解决方法，得出一般性的方法和思想,也就是培养学生的数学抽象素养。在这一过程中,命题在不断发生着变化,数学思想方法被不断运用,在这期间,教师要帮助学生不断深化数学思想方法,引导学生在更多的情境中运用数学思想方法去解决问题,提升学生的数学抽象素养。

总结与复习是提炼数学思想方法并使之系统化的重要过程,总结与复习能够揭示知识之间的内在联系,使学生理解数学学科是高度概括、多级有序的知识体系。

5. 根据数学抽象活动过程培养数学抽象素养

数学抽象活动过程就是一次完整地发现问题的过程,可以培养并提升学生的数学抽象素养。因此,在课堂教学中,让学生能够有机会经历完整的数学问题发现过程十分重要,通过这一过程,学生能够学会用数学的眼光看问题,学会通过表面深入挖掘问题的本质。此外,学生每经历一次发现问题的过程,都是对所掌握的数学知识和技能的巩固,都是知识转化为能力的过程。也正是在这样的过程中,学生才能打下坚实的知识基础,为解答抽象的数学问题以及解决生活中的实际问题提供保证。

6. 通过丰富课堂教学方式培养学生数学抽象素养

课堂教学最主要的目的是让学生学会学习,发展学生的数学素养。由此可见,课堂教学不能只局限于讲授和练习上,还应当不断探索丰富多样的教学方式。

(1)阅读自学的教学方式。该方式能够为学生创造更大的学习空间,尊重学生个性化的学习方式,重视学生独立思考的过程,可以有效提升学生的数学语言水平,培养学生的数学抽象思维能力。教师应在学生独立思考的过程中起到积极的引导作用,帮助学生通过独立思考解决实际问题,总结并积累思考经验。

(2)动手实践的教学方式。该方式能充分调动学生发挥主体性和主动性,使学生能够在动手过程中理解知识,提高学习兴趣。此外,学生还能在活动中将经验抽象成数学问题,从而更好地发展数学抽象素养。

(3)自主探索的学习方式。该方式充分体现了以人为本的教学理念,认为学生才是课堂的主人,学生享有充分的课堂主动权,并鼓励学生积极参与到课堂活动中,主动获取知识,从而提升数学素养。

总之,培养学生的数学抽象素养是多方面因素共同作用的过程。在实际教学工作中,教师既要传授数学的知识和技能,又要采用多种方式帮助学生将所学知识内化,使知识成为学生思考和应用的工具,使学生养成用数学思维看待问题的习惯,以适应社会生活的需要。

(三)数学逻辑思维培养

无论是知识方面还是策略方面,拥有数学元认知能力,都是学生明确学习任务并且能够从整体的角度出发，评价、反思学习活动的前提与基础。学生课后自主选用的学习方法、以及教师日常使用的教学训练内容决定了学生数学元认知能力提升的水平。教师采用可以提高学生元认知能力的有效教学策略，既有助于增强学生的元认知意识，也有助于培养学生的数学逻辑思维。中学数学教师运用元认知教学策略培养学生的数学逻辑思维已经成为中学数学教师探索教学方法的新途径。

1. 明确任务目标并为学生提供认知思维导向

实施教学活动前，教师需要明确把握教材不同章节对应的实际教学目标，并据此开展教学活动，在教学过程中重视学生学习过程的认知性和导向性。教师在讲授新的教学内容前，如果没有告诉学生需要通过此节课程学习掌握的知识以及主要的学习内容，必将导致学生的思维活动比较分散，缺乏清楚明确的认知框架。学生在学习过程中甚至无法抓住课堂教学要点。如果学生没有明确的学习目标，必然缺乏解决问题的方向性以及思维活动的导向性，问题解决的难度将明显增大。如果教师能在章节授课活动开始前向学生详细认真地阐明章节学习目标，以及完成学习任务后，学生可能实现的水平提升情况，不仅可以使学生在以后的学习活动中做好充足的心理准备，也有助于学生及时调整学习状态，激发自身的学习热情，调动学习的积极性和主动性，为后续学习提供动力，从而顺利实现学习目标。与此同时，学生可以在日后的学习过程中不断调整自身认知活动与认知行为的方向，及时纠正已经偏离正常思维轨道的学习行为，确保认知活动始终朝着正确的方向进行，从而为学生实现学习目标提供坚实可靠的保障。

在具体的课堂教学活动中，教师需要从以下三方面逐步提高学生完成学习任务的元认知水平：第一，教师应该在日常的学习活动中，使用元认知方式潜移默化地感染学生。开展教学活动前，教师应该确保学生了解课堂学习应该掌握的知识，以及课程教学方案主要涉及的学习内容。只有这样，学生在学习过程中才有目标，解决问题时才有方向。第二，教师应该重视教学步骤和教学任务的衔接与关联，强化学生控制思维活动的能力，促使学生的学习活动符合课堂教学活动的目标。第三，教师应该在教学活动结束前，指导学生回顾课堂所学知识以及解决问题的步骤，要求学生明确思维活动与学习目标之间存在的联系。

在教学实践中，培养学生认知学习目标的思维能力，可以明显提高学生学习数学知识的元认知水平，从而有效引导学生的思维活动朝着正确的方向发展，这是学生有效学习数学活动必不可少的环节。

2. 增强数学训练并培养学生形成良好学习方法

数学元认知策略的运用与数学思想的养成和数学方法的习得密不可分。制订计划、积极调控、认真评价、全面反思是促进元认知策略顺利实施的关键因素，养成严谨的数学思想、掌握科学的数学方法是监控元认知的前提与基础。只有明确数学思维与数学方法的重要性,才能找到有效的问题解决方法。学生养成了严谨的数学思想,掌握了科学的数学方法,才能够及时纠正思维演变的错误方向,从而促使思维活动重新步入正轨,数学知识的学习才能免于偏离常规。

学习数学知识、养成数学思维、掌握数学方法是学好数学的关键。数学基础知识的学习可以帮助学生纵向联系各类知识,数学思维和数学方法的习得可以帮助学生横向贯穿各种活动。为了提高学生的学习效率,使学生能够将所学知识应用到更广泛的领域,从而实现问题的高效解决。教师必须在日常的课堂教学活动中重点强化专业训练,将数学思维和数学方法融入数学教学。如果单纯地将知识灌输到学生的头脑中,那么学生就只会死记硬背,而不会在日常实践中灵活运用所学知识。学生的大脑既是知识的存储库,也是知识的加工厂。学生借助思维活动加工所学知识的过程,不仅伴随着新知识的产出,而且会有更多的问题得到妥善解决,如此才能真正实现数学教学目标。

在具体的教学活动中,教师必须重视学生数学思维的培养,认真指导学生掌握科学的数学方法。为了借助数学强化训练,培养学生形成高效学习数学知识的思维和方法,教师有必要清楚地把握好完整教学内容的讲解框架,明确教学活动顺利开展所需要掌握的数学方法,再通过教学设计将各种数学思想与方法融入课堂,从而使学生在学习过程中能够自然地理解这些思想与方法。与此同时,教师还应该提供恰当并且具有针对性的例题讲解与练习指导,确保学生能够运用比较分类、抽象归纳、观察分析等方法,形成科学的数学思维,并在认识活动中明确运用数学思维的具体方法,从而实现数学元认知能力的现实优化。

3. 加强对学生的思维训练与评价培养监控意识

分析教学活动的任务与目标,制订具体的解决方案,然后再根据现有的条件与资源,积极处理并最终解决问题,是数学教学的常规流程。在问题整体解决的过程中,各个环节联系紧密,只有在思维方向和思维目标正确的前提下,才能真正地解决问题。通过培养学生的思维能力,指导学生参与组织严密的思维训练活动,鼓励学生在进行思维评价的同时,体验问题解决过程中,思考路径由"不确定"向"确定"的巧妙转变,从而增强学生的思维敏感度,丰富学生的元认知体验。与此同时,不同的思维活动基本上对应着思考方向的选择差异,在选错方向的情况下,学生必须不断地试错、修改,才能找到正确的方向,使自身元认知策略的评估水平和监控能力得到有效提升。

接受过专业思维训练的学生,通常能够明确感知思维活动的微小偏差,并及时予以纠正,这与学生自身的数学元认知策略的评估水平和监控能力密不可分。通过教学活动加强学生的思维训练,可以增强学生监控数学元认知策略的能力,提高学生评估数学元认知策略的水平,从而弥补学生在数学元认知方面存在的缺陷与不足。因此,在课堂教学活动中,教师应该有目的地培养并训练学生监控思维活动运行轨迹的意识,从而有效地提高学生整体的数学元认知评估水平。

出声训练是加强学生思维训练的有效途径。学生复述而不是默想解决问题的思维过程,可以增加思维的灵敏程度,从而自觉地注意到自身存在的思维偏差。在现实生活中,大多数学生很难发现导致题目做错的思维节点。然而,当他人复述做题的思维过程时,错误的思维节点便可以显现出来,使及时修改做题思路成为可能。与此同时,有声训练可以帮助学生整理思维过程,而完整的思维过程又有助于思维活动的清晰与完善。因此,教师在实际的教学过程中,可以积极主动地利用有声训练增强学生的思维活力,从而有效提高学生数学元认知的水平和层次。

4. 积极开展反思作业并学会评价学生学习情况

反思性学习是学习活动有效开展的前提与基础。传统的课堂教学注重数学知识的灌输,学生在课后需要完成指定的习题作业,巩固并提升学习效果。然而,在具体的教学活动中,学生通常缺少自觉学习的反思性,学习与认知活动的评价信息不足,影响了教学活动的实施效果。只有在教学过程中不断指导学生进行反思性学习,才能使学生认识到自身存在的问题以及需要改进的地方,从而在日后的学习活动中深刻体会反思性学习的重要性。反思性学习并非简单地修改错题,而是需要学生从各个角度入手,深刻反思学习状态、分析题目做错的原因以及知识的掌握程度,并在日后的学习过程中注意不要再犯相同的错误。大多数学生在现实生活中都有错题本,但是,错题本上记录的只是改正以后的题目,并没有标注和分析犯错原因,这样的反思性学习并不彻底,根本无法纠正学生错误的学习思路和做题方法。

反思性学习的有效性,主要包括以下三方面的内容:第一,学生需要回顾并整理日常的学习内容,了解自身的学习水平,及时补充学习过程中需要深入了解的背景知识;第二,学生需要修改并分析经常做错的题目,分析题目做错的原因,并提出相应的改正对策,防止类似错误再次发生;第三,学生需要反思并调整不同时段的学习状态,评估每日的学习表现是否正常,确保学习计划能够正常实施。与此同时,在课堂教学活动中,教师可以提醒学生准备好反思作业本,让学生在作业本上简单记录下自身每日的反思情况,然后督促学生定期将当下的学习情况与先前的反思记录做对比并自评认知活动的纠正情况,重点关注核心知识点的理解与运用。

反思性学习是数学元认知评价的基础。学生在认知过程中产生的学习反思,赋予了评价存在的意义。因此,定期反思可以改善学生数学元认知评价的有效性,为分析、纠正学生的思维活动提供了科学的指导意见,从而有助于推动学生的思维活动朝着正确的方向发展。

除此之外，丰富学生的数学元认知体验，也是提高学生数学元认知水平的常用方法。然而，每种方法的运用，都必须与学生当前的知识和能力水平相符。只有在这种情况下，才能增强学生的数学元认知能力，也才能真正培养学生的数学逻辑思维。

六、中学生数学思维能力培养的改革策略

第一，转变教学角色，适应教学实践。中学数学创新思维的培养，对教学参与者提出了新的要求。在教学中教师要积极适应新时期教学发展的实践需要，积极转变教学角色，自觉转变为引导者，引导学生树立正确的学习思想，在学习的过程中端正学习态度，掌握正确的学习方法，养成科学的学习习惯，为课堂教学创新思维的培养打下坚实的基础。

第二，提高综合素质，转变教学观念。在教学实践中，教师要积极转变教学观念，提高个人专业素质和综合素质，自觉转变为教学的引导者，自觉主动地将创新思维培养模式合理应用于平时的教学中。例如，说在讲授"集合"的时候，教师要积极引导学生，利用生活化的教学方式，对课本知识交集、并集等进行讲解，拓展学生学习思维，实现创新思维的培养。

第三，创设学习情境，诱发创新思维。思维是一种复杂的心理过程，是由人们的认识需要引起的。在数学教学中，要使学生不断地产生学习意向，引起学生的认识需要，就要创设出一种学习气氛，使学生急于求知，主动思考；就要设置出有关的问题和操作，利用学生旧有的知识经验和认知结构，造成认知冲突。认知冲突是学生的已有知识和经验与新学知识之间的冲突式差别，这种冲突会引起学生的学习兴趣，并促使其注意关心和探索。例如，在导入新课的过程中创设思维情境：教师通过巧设悬念，诱发学生的学习动机和学习意向，促使学生产生渴望与追求，激起他们学习新知识的欲望，进而诱导学生进行积极有效的思维。

第四，主动参与教学，实现主体地位。学生个人也要行动起来，积极主动地参与到教学之中，主动和教师进行交流。例如，在学习"函数"相关知识的过程中，学生要把自己理解不了的地方，积极和教师进行交流，使教师在教学中有所侧重，提高课堂教学的针对性。此外，学生之间也要进行交流合作，共享学习方法、学习思维，激发学生思维碰撞，实现创新，提高学习质量和效率。

第五，转变教学理念，创新教学方法。中学数学教学的过程中，要对传统的教学理念和方法进行适当的剔除，杜绝出现传统式的教学方法，对新理念和新方法加以应用，要对教学方法进行全面的创新，吸引学生兴趣，让学生在交流合作中更快速地掌握知识，培养创新思维。

综上所述，创新思维的培养是教学发展的具体要求，也是学生全面发展的内在要求，更是新时期中学数学变革的必要要求。在新时期要充分认识到这一现状，教学参与者积极

主动地参与到教学中来，使各项教学活动得到高效的开展，提高教学新理念和新方法的应用质量和效率，帮助学生掌握正确的学习方法，养成科学的学习习惯，激发学生的创新思维，提升学生的创新能力，实现学生数学学习质量和效率的提升，实现学生的全面发展。

第四节 数学新课程教学中学生思维的激发

"新课程理念下的数学与实际应用分不开，教师要精心设计中学数学的课堂教学，寓教于学，大力培养学生的学习数学的兴趣，反过来让学生把这种兴趣转化为学习的动力，进而在喜欢数学的基础上形成运用数学思维思考生活，最后巩固成为学生的数学创新能力。"[1] 教学中，教师可以把生活中涉及数学的实例简明、扼要地融入教学，使激发和引导学生思维能力更有针对性、变化性、灵活性和实用性，适应不同程度学生的学习水平的需要，使素质教育和思维能力的培养能够顺应新课程的要求。

一、确立数学教学激发与引导中学生思维的目的

在中学数学教学中，实现教学目标、培养学生素质与创新思维是最终目的。要实现这一目的，就要在教学过程中激发与引导中学生思维。数学教学是围绕着数学学科中的重点与难点展开的，对学生思维的激发和引导应与教学环节相对应。教师在教学时应引导学生利用旧有知识学习新知识，在新旧知识之间建立起密切的联系，从而帮助学生巩固旧知识，开发新思维，完成知识的迁移和贯通，开拓学生学习数学的新思路，全面提升学生的综合素质与实践能力。

二、数学教学激发与引导中学生思维的具体方法

第一，通过创设情境激发学生思维。教师在教学过程中要设计一个能够激发学生思维的教学情境，培养学生的创新思维，提高学生总结归纳知识的能力。情境教学的设计要细致、有针对性，要重视在特定情境中强化学习的效果。

第二，鼓励学生通过直觉解决问题。利用直觉解决问题在数学学科领域中十分重要，应当积极发展学生此方面的能力。教师要鼓励学生敢于利用自身的直觉，为学生创造能够提升直觉能力的学习环境。

第三，创新教学方法。教师应从教学内容和学生的实际学习情况出发，不断改进、创新教学方法，帮助学生巩固旧知识学习新知识，引导学生多思考，充分调动思维解决数学问题。教师应做到以下三点：①设计好思考题，引导学生按照一定的思路阅读、思考、讨论、作答，教师要做好指导和答疑工作；②在讲解和带领学生进行练习时，要注重步骤和

---

[1] 叶鸿斌. 数学新课程教学中学生思维的激发与引导 [J]. 语数外学习（数学教育），2012（8）：81.

条理，引导学生在阅读和练习习题后，对解法进行研究和总结提炼；③在复习课上，要注重提炼要点，讲解分析要和解题相结合。

第四，注重课堂教学的互动性。在课堂教学设计中，要重视与学生的互动，充分体现学生的主体地位，让学生学得更积极、更有热情。在讲授知识之后的练习阶段，教师应丰富练习题的类型和形式，多选取一些互动性强的练习题，增加学习趣味，做到练趣结合，使学生在良好的互动氛围中主动思考，使教学成果得以巩固。

第五，加深教学的实践性。知识是用来指导实践的，因此，在数学教学中应增加一些实践性活动，让学生从整体上感知数学，建立知识与实践之间的联系，提升学生用知识解决问题的能力。课堂时间是有限的，教师应该在有限的时间里为学生尽可能提供更多的实践机会，同时，要精选课堂教学内容，题型要精，题量要适当，一方面要巩固所学知识，另一方面要拓展学生的思维，提升学生的能力。

第六，深入挖掘学生的潜力。教师应打破传统的灌输式教学方式，大胆开放教学，从而拓宽学生的思维空间，培养学生的创新能力，充分激发学生的数学潜能，让学生在宽松的环境中学会分析、理解、思考、总结和应用知识。

总而言之，在中学数学教学过程中，教师应重视课堂教学设计，做到科学组织课堂教学，有效激发学生思维，引导学生思考，强化所学知识，帮助学生增加知识储备，提升实践能力，使学生能够更好地达到新课标的要求。

第三章　新课程背景下中学数学教学设计

第一节　中学数学的教学目标设计

教学目标指的是教学活动预期达到的结果,是学生通过学习产生的行为变化,教学目标直接表现为对学习成果与行为的具体描述。任何教学活动开展前都必须明确学生学习结果的类型,并用清晰而有条理的语言表达教学目标。具体来说,教学目标主要具有以下四个功能:

第一,导向功能。教学活动的开展依托于教学设计和教学计划,而教学设计和计划的制订最根本的依据就是教学目标。教学目标指引着教学过程,对教学的预期结果有着清晰的描述;教学目标能够让教师和学生在教学过程中方向明确、有据可循,同时可以使师生将精力集中到与教学目标有关的事情上,避免受到其他事情的干扰。

第二,评价功能。在教学中应根据教学目标编制测试材料,进行形成性评价和终结性评价。课程设计的好坏、教学方法是否合理等与教学质量相关的内容,都应依据教学目标的完成度进行评价。可以说,教学目标是测量和评价教学效果的尺度和标准。

第三,指导功能。教学目标对教师所选择的教学内容、教学方法、教学策略、教学工具、教学活动等有着重要的指导功能。

第四,激励功能。在教学活动前,让学生明确教学目标能有效激发学习欲望,调动学习积极性,使学生对学习内容有所期待,从而愿意主动参与到教学过程中来。

一、中学数学教学目标设计过程

第一,深入学习数学课程标准。要先仔细学习数学课程标准,对整个数学学科教学的目的、知识内容和教学要求有充分而深入的了解,还要明确教学原则,掌握教学及测试方法要求。

第二,明确单元教学的总体目标。每一堂课的目标都是单元总体教学目标的子目标,因此在设计每一课时前,都要对单元目标深入分析并分解,在充分了解的基础上再结合课时教学内容制订课时教学目标。

第三,清楚了解本课时教学的具体内容和要求。要熟悉教材内容,领会教材意图,在了解并具体分析本课时内容的基础上,进一步明确课时中涉及的数学事实、数学原理、数学概念、问题类型、数学方法、数学技能、数学策略及态度,从而结合单元教学目标、教材整体深度、例题的讲解要求和习题的难度来确定教师教学和学生学习所应达到的水平。

第四，分析掌握学生的具体情况。应通过对学生的了解及具体学习情况的分析，对学生的能力、性格、心理特点等有所掌握，并作为设计教学目标的重要依据。具体来说，其包含以下五方面：①学生在课堂学习、课后练习等学习活动中遇到了哪些困难；②学生希望能够学习到哪些内容以及每项内容的重要程度；③学生现有的知识和能力基础；④学生的情感、态度或意向；⑤学生所希望的培养方案和方法。通过这五方面，教师可以分析出学生目前的学习状况和学习需要。举例来说，学生可能在学习中不知所措，不知该从何入手开始学习，或者投入很多时间精力却依然效率不高，教师了解情况后就不难分析出学生所缺乏的是克服学习困难的策略，这些克服学习困难的策略与学生现有策略之间的差距就是学生的需要。

所以教学目标设计应当充分考虑不同学习者之间的差异，不能要求学习者从同一起点出发、由同一个教学目标指导、以同样的速度参与完全相同的教学活动，完成一样的练习，最终达到同一个终点，这是不科学、不合理的，难以取得好的效果。事实上，不同的学习者在知识、能力、态度等方面的差别显著，这就要求教师在设计教学目标时一定要了解并尊重学生的个体差异。

二、中学数学教学目标设计表述

中学数学教学目标设计表述的基本方式可分为两类：一是采用结果性目标的方式，即明确告诉学生学习的结果是什么，可使用"了解（认识）""理解""掌握""灵活运用"等明确的、可测量的、可评价的结果性目标动词来描述，刻画的是知识技能的理解、掌握程度和运用水平，这种方法指向可以结果化的课程目标，主要应用于"认知"领域。二是采用体验性或表现性目标的方式，即描述学生自己的心理感受、体验，或安排学生表现的机会，所采用的行为动词往往是体验性的、过程性的，可使用"经历（感受）""体验（体会）""探索"等过程性目标动词，刻画的是数学活动水平。这种方式指向无结果化的或难以结果化的学习内容，主要应用于"情感""动作"领域。常用的行为动词在记忆水平方面有"知道""了解""认识""感知""识别""初步体会""初步学会"等；在解释性理解水平方面有"说明""表达""解释""理解""懂得""领会""归纳""比较""推测""判断""转换""初步掌握""初步运用"等；在探究性理解水平方面有"掌握""推导""证明""研究""讨论""选择""决策""解决问题""会用""总结""设计""评价"等。

学生是学习行为的主体，因此教学目标的设计要从学生的角度出发。在描述教学目标时也应是"学生能干些什么""学生将是什么样的"等。教学目标不能制订得遥不可及，一定要符合现行的教学情况，语言描述要清晰有条理，清楚具体地阐述通过教学活动学生会出现哪些变化。教学目标既有指引作用，又是有效的教学反馈，还是学习成果检验的重要依据。此外，教学目标必须以教学内容为基础。举例来说，在学习"函数概念"的第一课时中，对常量、变量、函数等概念只要求了解并能够识别，并不需要深入地理解。对于过程性目标，这一课时内容也只是在学习过程中初步感受事物的运动变化和相互联系，并尝试初步预测变量的变化规律即可。

第二节 中学数学的教学过程设计

一、中学数学教学过程设计的特征

"教学过程就其实质而言，是人类认识过程的一种形式。"[①] 但是，学生在教学过程中掌握知识和促进自身社会化的实践活动又不完全等同于人类一般的认识活动，它具有自身的特殊性。数学教学过程也是如此，它有如下特征：

第一，需要认识到数学学习内容比较特殊。在教学过程中，学生了解到的数学学习内容是前人已经总结出来的规律，在这样的情况下，学生是模仿学习，而不是直接去探索，然后掌握规律。因此，学生可以利用最短的时间以最快的速度获取前人发展多年得出的精华知识。

第二，学生开展数学实践的环境比较特殊。科学家在开展实践探索时，所处的环境是自然环境或者社会环境，科学家的探索是向未知领域进行探索。但是，学生不同，学生在开展数学实践时，只能在学校环境中，而且数学知识逻辑性较高，抽象性较高，在这样的情况下，教师需要事先设计好学习计划，然后引导学生，让学生学习到正确的数学知识。

第三，数学实践方式比较特殊。数学教师可以充分借助实验演示方法、实习参观方法以及社会调查方法让学生获得更多形象生动的感性经验。与此同时，教师还可以在教室中使用模型、挂图，让学生学习抽象知识。在具体的实践过程中，教师需要结合教学需要选择适合的数学实践方法。

二、中学数学教学过程设计的要素

数学教学会受到很多因素的影响，如教学目标、数学教师、学生、学习内容、学习方法、学习环境等多方面因素。这些影响因素中，基础要素是数学教师、学生以及数学内容。基础要素相互作用、彼此制约。

在数学教学过程中，因为存在基本要素之间的联系和制约，所以数学教学过程也存在矛盾，数学教师和学生之间会有矛盾，学生和数学内容学习之间会存在矛盾，教师和数

[①] 胡勇，黄龙，周志朝. 中学数学教学设计与应用技巧 [M]. 长春：吉林人民出版社，2019：47.

学教学内容之间也有矛盾，而数学教学过程就是不断解决矛盾的过程。在矛盾解决之后，数学教学会取得一定的成效。数学教学主要解决的矛盾是数学教学内容和学生之间存在的矛盾。

三、中学数学教学过程设计的阶段

数学教学过程的基本阶段指的是教学过程中活动遵循的基本程序，通常情况下是以固定教学环节的方式表现出来。在数学教学过程中，数学教师和学生需要开展双向互动，所以，在划分阶段时要同时考虑学生的学习过程以及数学教师的教授过程。与此同时，要关注二者的活动行为是否相匹配、相适应。好的教学必须是学生学习和教师教授彼此统一、彼此适应的教学。具体来讲，可以将数学教学过程划分成以下三个阶段。

（一）教学准备

教学准备包括两部分内容：一个是教师的准备工作，一个是学生的准备工作。也就是说，在教学准备阶段，教师和学生都需要着手为接下来的教学做准备。对于教师来说，教学准备过程需要了解数学学习的具体目标以及课程发展目标、教学目的，然后结合教材内容、结合学生的学习水平设计教学规划。教师需要在综合考虑的基础上选择适合的教学方法，在教师的准备工作中，既涉及教学知识内容，也涉及教学心理方面的内容。

首先，教师应该确定本节课程教学的目的以及要完成的任务，教师在确定目标之后，需要在全程设计过程中始终遵循目标的指引，设计具体环节，形成如何完成教学目标的想法。

其次，因为教师是提前对整个教学过程做预设计，所以教师需要提前想好、确定好教学要使用的方法以及要组织设计的活动。教师只有做好思想方面的准备，教学才能顺利地开展。对于学生来说，学习准备也涉及两个部分：一个是知识方面的准备，一个是心理方面的准备。知识方面的准备有助于学生更好地搭建新旧知识之间的联系，有助于学生构建起知识体系，有助于学生吸收新的知识。而心理方面的准备主要是学生应该对要学习的知识所处的地位以及知识的重要性有一定的了解，这样才能做好学习准备，产生学习动力，关注学习进程。但是，也需要注意到学生学习过程中教师的重要作用，教师应该使用正确的方法，启发学生、鼓励学生。方法正确的情况下，学生的数学学习效果会更好。

（二）讲授与理解

讲授与理解是数学学习当中的重要环节，它直接决定了数学教学效果。在讲授与理解这一环节中，教师需要引导学生系统地学习，需要详细地讲解教材当中的内容。学生在教师带领的情况下，可以了解内容、感知内容，进而把数学知识加入自己已有的数学知识结构。这一阶段也是教师和学生深层互动的阶段，在讲授与理解环节，学生会深层次地理解知识，完善原有的认知结构，并且在原有认知结构中搭建新的知识结构。虽然表面上看起来只是数学教师要素和学生要素彼此互动，但是，互动过程中始终依据的都是数学教学内容。首先，教师和学生需要以数学教材作为互动中介；其次，教师教学和学生学习都需要在有限的教学范围内进行拓展，不能无限地向外延伸，这样会导致教学和教学目标越来越远；最后，教师和学生需要利用适合的教学方法展开有效沟通、有效互动。所以，综合来看，讲授和理解阶段非常复杂。

（三）巩固运用

巩固运用也是非常重要的教学环节，在这一环节中，学生可以在教师的引导下巩固知识，真正将知识运用在实践中。从学生的角度来看，通过巩固运用阶段的学习，学生对知识的理解程度将会加深，会更牢固地掌握知识以及其他数学技能，提升数学能力水平。这样的提升没有办法在其他阶段完成。仔细分析巩固和运用，可以发现这是两个活动，巩固是指将知识记忆得更深刻，运用是指发挥知识的指导作用，让知识能够解决具体问题。在具体的数学教学过程中，巩固和运用并没有严格的区分，通常是将其作为一个大的教学阶段去看待。在巩固和运用阶段，虽然大部分是学生参与学习和运用，但是，仍然离不开数学教师的科学指导。所以，这一阶段也是数学教师和学生交流互动的过程。在巩固和运用阶段需要关注以下两方面内容：

第一，将学生组织起来，让学生有组织地展开练习。练习指的是重新认识知识，让知识以深刻的方式被学生记下来。练习的具体形式有两种：首先，在学习新知识的课程中进行巩固练习，可以让学生更深刻地记忆新知识；其次，专门开设练习课进行练习，有助于学生能力的整体提升。

第二，大范围地展开数学知识的复习与归纳。首先，复习课程的安排需要及时，教师需要组织阶段性复习，也要在日常学习过程中经常展开小测试、小复习；其次，复习方法的运用必须科学，尽量引导学生自主复习；最后，要注重在复习中的知识归纳、规律整理，这样才能让数学知识学习变得系统化。

四、中学数学教学过程设计的内容

数学教师在了解学生的学习水平、明确学习目标以及教学内容之后，就要设置具体的活动流程。教学过程涉及很多活动，既需要数学教师的参与，也需要学生的积极参与。在教师和学生展开积极互动的情况下，教学活动才能真正开展。数学教师设计时，需要考虑一个问题，那就是如何让数学教学有更高的效率。本节将从以下四方面来探讨怎样开展数学教学设计。

（一）确定数学课的课型

数学课的课型一般可分为新授课、练习课、复习课、讲评课等。不同的课型有着不同的教学目标以及不同的教学活动过程。

1. 新授课

新授课，顾名思义是让学生学习新的数学知识、新的数学技巧的课程，此种课程经常出现在数学教学中，是相对重点的课程类型。新授课能够运用的教学模式比较多，具体来讲有以下五种：

第一，复习引导教学环节。此教学环节可以检查学生之前学过的数学知识掌握得是否牢固。在复习旧知识之后，新课的学习将会有更稳固的基础。除此之外，此种模式还可以更好地引入新知识的学习，激发学生对数学知识的好奇，培养兴趣。与此同时，还能够加强学生的关注，将学生的注意力吸引到课堂教学中。使用复习引导教学模式时，问题的选择或者复习内容的选择必须和新课程有关，这样才能达到吸引学生兴趣的目的。复习内容的选择不宜过多，也不宜过杂。

第二，讲授新课。这部分的教学需要由教师主动引导学生了解和吸收，讲授新课的部分是教学当中的重点部分。在学习阶段，需要完成以下三个数学教学任务：首先，将概念引入课堂，让学生了解概念本质、名称；其次，让学生掌握相关的公式、法则、定理的基本意义，并且为学生推导公式或定理结论；最后，处理数学问题，让学生掌握正确运用定理、公式的基本方法。

第三，巩固练习环节。这一环节需要教师为学生提供一些适当的练习题，学生在练习的时候，可以继续展开进一步的分析，加深对知识的理解和记忆。这一环节要完成的教学任务是复习本节课学习的公式、定理，明确公式、定理的应用，掌握运用公式、定理处理问题的基本方法、基本技巧。

第四，课堂小结环节。这一部分可以让学生对本节课学习的知识有系统的了解，在进行课堂小结的时候，教师应该总结本节课内容学习要特别注意的地方，要求学生详细记忆本节课的知识。

第五，布置课后作业环节。作业可以是书面形式的作业、预习形式的作业或者思考形式的作业。

2. 练习课

练习课也可以叫作习题课。在练习课中，数学教师需要为学生讲解重点的、经典的数学例题，让学生掌握解题的基本方式，帮助学生巩固数学知识、数学技巧，提升学生在数学方面的能力。一般情况下，练习课涉及以下四个环节：

第一，复习环节。在练习课中，数学教师应该先带领学生重点复习本节已经学习过的内容，帮助学生建立知识之间的基本联系，让学生明白课程的学习目的。

第二，练习环节。教师应该为学生提供适合的数学练习题，可以先为学生示范如何进行习题解答，然后要求学生模仿习题解答方式。在经过几次练习之后，教师应该引导学生独立做习题解答。除此之外，教师也可以让学生到黑板上演示习题解答，同时邀请其他同学共同分析解题过程的优秀之处以及不足之处。在习题课中，教师应该特别关注后进生，如果教师发现后进生能够独立自主地完成练习，应该尽可能地给他们在黑板上演示的机会，这样有助于他们形成学习自信心。

第三，小结环节。这一环节需要教师针对学生的习题作答情况做总结，帮助学生知道练习过程中有哪些不足之处，有哪些优秀之处。在总结的过程中，教师需要指出具体的问题原因，帮助学生解决问题，让学生更好地掌握数学知识、数学规律。

第四，作业环节。数学教师在预留习题课作业时，应该专门针对习题课程当中存在的问题布置作业。

需要特别强调一点，练习课程虽然关注学生的自主练习，但是也依然需要教师的有效指导以及讲解。在教师的指导和带领下，学生会对解题思路形成更清晰的认知，更容易掌握解题规律。教师在进行习题解答时，不应该过多地关注答案，而应该教会学生理清思路。教师在选择练习题时需要找到典型的练习题，并且要逐渐加深练习题的难度。

3. 复习课

复习课是学生对知识巩固理解、加深理解的过程，教师需要引导学生归纳知识、整理知识，完善和优化数学认知结构，帮助学生提升综合处理数学问题的能力。复习课有多种形式，如单元复习、期中复习、期末复习等。复习课是比较系统的课程，一般会按照提纲一步一步地开展。

第一，知识的系统复习。知识的系统复习要求对之前学过的知识、数学方法、数学技能展开整体的、综合的分析，找出知识之间存在的关联。在找到关联之后，学生可以建立起立体的数学知识结构。知识整理的过程中可以使用多种整理方法，教师可以带领学生一步一步地总结，也可以为学生列出具体的提纲，引导学生填充具体内容，还可以让学生自主整理。

第二，综合练习。综合练习指的是对学生的综合能力、对学生学习过的所有知识展开综合整体的练习。在进行综合练习时，教师选择的练习题必须体现出综合性、整体性，在讲解综合练习题的时候，教师应该尽可能详细地引导学生了解解题的思维，这样学生的整体解题能力才能有提升。

第三，小结。小结部分需要对复习课程的所有内容做综合的概括，教师应该结合学生在复习课中的表现指出学生接下来的努力方向,让学生更好地准备下一阶段的学习。

需要特别强调一点,系统复习不是将已经学过的知识简单地罗列出来,而是要让学生了解知识之间存在的关联。不同知识之间可能存在横向、纵向、逻辑以及实质等方面的联系,教师需要引导学生理清知识之间的关联,优化自身的知识结构。在系统复习过程中,教师应该引导学生将概念以及数学方法升华到数学对象结构以及数学思想层面。

4. 讲评课

讲评课的教学目标是分析学生某一阶段的学习成果,纠正学生在某一阶段中的学习错误,展示优秀学生的学习成果,帮助其他学生调整学习方法,积累数学学习经验。通常情况下,讲评课涉及以下三个基础环节:

第一,对班级整体考试情况做基本讲解,这一部分需要让学生了解自己的考试结果以及整个班级的数学学习水平。

第二,分析考试题目。教师应该重点讲解经典题目、难点题目,帮助学生理清思路,让学生解出正确的答案。

第三,小结。小结部分,教师应该分析成绩好或者成绩不好的具体原因,指出问题解决的正确方法,在此阶段,教师可以适当地预留一部分作业,让学生加深讲评课当中的数学内容理解。

(二)安排数学教学活动

激发动机。数学教师在开始讲解一个新课时,应该抛出能够吸引学生兴趣的内容,激发学生对数学知识了解的兴趣。数学教师应该尽可能地选出能让学生感兴趣的内容。

数学教师应该将数学学习目标清晰地告知学生,学生在了解数学学习目标之后会对数学学习结果产生某种期望。教师应该明确学生数学学习会达到哪一个水平,这样学生就可以提前形成心理定式。

提醒学生注意某些活动内容。数学教师应该有意引导学生关心教材内容,让学生一直将注意力集中在教材身上。如果学生年纪较小,教师在教学过程中可能要进行行为矫正。

刺激学生回忆之前的教学内容。教师在讲解新的数学知识之前,可以引导学生回忆之前学过的知识,这样有助于学生快速地吸收新知识,构建知识之间的联系。

为学生的学习提供指导。学生在学习知识之后,会将知识储存在记忆中,这时教师需要教会学生如何记忆、如何吸收。如果学生学习程度比较好,教师只要提供简单的指导和建议即可;如果学生学习程度相对较差,那么教师需要提供详细的说明。

加强学生对知识的记忆。教师应该引导学生间接性地复习学过的知识,这样知识才能长时间地被学生记住。间接性的复习过程中,教师可以使用多种复习方式,为学生提供多种情境,这样有助于知识记忆。

引导学生迁移知识。知识的迁移有两个方向:一个是纵向,一个是横向。纵向的迁移有利于学生系统地了解知识的发展变化,横向的迁移有助于学生将知识运用到其他的数学问题中。

给予学生作业反馈。教师应该经常给学生提供写作业的机会,让学生清楚地了解自己的能力、自己学习存在的问题。作业完成之后,教师应该给予适当的反馈,这样才能强化作业的作用。

(三)选择数学教学媒体

媒体也经常被叫作媒介。媒体可以传递信息、存储信息,应用在教学活动中的媒体就是人们经常说的教学媒体。教学媒体可以在教学中发挥传播教学知识、存储教学信息的作用。学生在吸收知识的时候需要借助感官,媒体的使用可以在一定程度上影响教学,但是,需要正确运用媒体,合理运用媒体教学。媒体有很多种形式,按照类型不同大致可以分为视觉媒体、视听媒体以及听觉媒体三种。现在的教学过程中,三种媒体都得到了一定程度的运用。科学合理地运用教学媒体可以提升数学教学效果,但是,需要关注以下四个内容:

1. 分析教学媒体的功能

不同类型的教学媒体发挥的功能、具有的特征都不同,它们适合的教学情境也存在差异。根据功能方面的差异,可以将教学媒体划分成以下五种形式:

第一,提供事实类型的教学媒体。这种类型的教学媒体可以让学生看到真实的信息,观察到真实的现象。

第二,创设情境类型的教学媒体。这种教学媒体可以为数学活动的展开提供背景、情境以及情节等方面的需要,能够更好地激发学生的好奇心和兴趣。

第三,举例验证类型的教学媒体。这种教学媒体可以为学生提供具体的事例证明,在事例的辅助帮助下,学生会对已经形成的概念有更清楚的理解和认知。

第四,提供示范类型的教学媒体。这种教学媒体可以为学生提供行为方面的标准示范,学生可以借助模仿的方式掌握某些数学技能。

第五,探究类型的教学媒体。这种教学媒体可以通过问题引导或者情境设置的方式,引导学生对某一个现象、某一个问题展开思考,然后让学生慢慢发现具体规律。

数学教师需要根据实际的教学需要选择适合的教学媒体,数学教师也可以综合运用多种教学媒体,让它们的优势充分显现,以此来最大限度地推动数学教学活动的开展。

2. 符合学生的年龄发展

当学生所处的年龄不同时,对事物的认知程度也存在差异,所以教学媒体的选择必须符合学生的年龄。中学生思维能力有了一定的提升，也可以做抽象以及逻辑方面的思考，可以在某种程度上概括事物规律，而且相比于小学阶段，他们的注意力集中时间更长一些。所以，教师在选择教学媒体的时候，应该选择一些能够展现思维逻辑、启发学生思维思考、让学生持续获得信息的教学媒体。在中学阶段，如果过多地运用动画、视频、音乐等以内容呈现为主的媒体，将不利于学生的思维培养，不利于学生数学思考能力的提升，还会在一定程度上影响数学教学效果。

3. 综合选择运用媒体

教学过程中往往很难通过单一媒体的运用获得最好的教学效果，所以，数学教学过程中教师应该综合运用多种媒体，通过媒体的匹配让教学活动变得更加丰富。举例来说，在学习立体几何图形的过程中，教师可以借助媒体向学生展示立体画的模型图片，然后引导学生分析观察立体图形有哪些特征，进而让学生总结立体图形的定义。对于数学教学来讲，应该尽可能地设置问题，让学生在问题的启发下去思考，而不是直接给出数学问题的答案。数学教师可以综合运用黑板和多媒体技术，可以在黑板上详细地展现问题的解决过程，让学生了解使用到的思想方法，然后再利用多媒体技术让学生看到更直观的解题结果。这样的组合搭配既保证了思维的拓展，也保证了数学教学效率。

4. 遵循教学的认知规律

教学媒体的运用会影响到学生对知识的吸收和加工程度，所以选择教学媒体需要考虑到学生的认知规律。心理学认知规律指出，如果长时间地让学生运用听觉媒体，那么应该尽可能地变换音调以及音量，如果经常使用黑板做思维分析，那么，应该综合运用多种颜色的粉笔圈出重点内容。举例来说，如果想要激发学生的好奇心，引起学生的关注，那么可以借助多媒体技术向学生展示符合他们兴趣、能够刺激他们注意力的内容，以此来将学生更好地引入新课的学习中。但是，内容的选择必须适当，不能过分新奇，否则学生会将注意力全部放在刺激内容上，而关注不到数学学习内容。

（四）选用教学组织形式

教学组织形式指的是如何开展教学活动、如何利用教学时间、如何控制教学空间。具体地分析，指的是教师应该使用哪种方式组织学生。举例来说，教师是选择固定方式还是灵活方式组织学生？教师是使用个别方式还是班级方式组织学生、组织活动？解决教学组织形式方面的问题时，教师应该选择适合的方式，这样教学质量才能得到有效保证。具体来讲，教学组织形式主要有以下三种类型。

1. 班级教学

班级教学指的是按照学生的年龄将学生划拨到某一年级，然后再将某一数量的学生组织在一起形成班级，以班级为单位展开教学。教师需要为班级设置课程表，班级教学模式下，课堂主要是以讲授的方式展开。

第一，班级教学有以下优点：能够展开较大规模的全体教学，教师可以同时教授多名学生，能够促进不同学生的发展。与此同时，可以让学生系统地学习知识，稳扎稳打地前进。除此之外，班级教学模式下，教师能够更好地发挥自身的主导作用，而且在同一个教师的教学下，学生更容易形成共同语言，也会朝着共同的学习目标前进。与此同时，班级教学模式下，教学任务能够得到有效完成，学生也更容易全方位成长。

第二，班级教学具有以下局限：班级使用的授课制在一定程度上限制了课堂教学，在班级教学模式下，学生的主体地位可能没有办法体现，教学活动的设置更多的是受到教师的主观决定，而且学生很少会进行探究性的研究，学习到的更多的是前人总结出来的知识和经验。此外，这种模式不利于学生的个性成长。

2. 小组教学

小组教学指的是以小组为单位展开学习活动。教师需要为小组设置学习任务，小组成员需要合作完成教师规定的学习任务。实施小组教学的过程中，需要以教学小组为基本单位，一个教学小组当中人数应该控制在五人到七人之间。不同的教学小组之间可以形成合作关系、竞争关系。小组内部不同的成员应该注重合作，应该遵循民主公平的基本原则。小组教学模式是在课堂教学组织形式的基础上形成的教学组织形式，它在一定程度上补充了课堂教学组织模式的不足之处。通常情况下，开展数学教学活动以及数学实验教学的时候会运用这种教学形式。小组教学组织形式和课堂教学组织形式不同，此种模式下，教师不会过多地演讲和解释，主要是由学生以小组的形式完成任务，教师主要负责控制课堂，检查学习成果。此时，教师从原来的主讲者身份变成了引导者身份。具体来讲，小组教学有以下优势：

第一，小组教学着重培养学生的合作能力，这有助于学生构建更良好的、更和谐的人际关系，学生更容易形成合作精神。

第二，小组教学强调学生主体作用的显现，学生需要主动表达自己的意见，提出自己的想法和解题的具体思路。在小组教学形式下，学生的问题处理能力、意见表达能力、活动组织能力都会有所提升，数学教学可以借助小组教学组织形式来提升学生的高级认知水平。

第三，小组教学组织形式下，学生可以更多地和教师接触交流沟通，教师也能对学生有深层次的全面了解，这有助于教师和学生展开思想情感方面的持续深入沟通。

第四，一个小组就是一个整体，小组有共同目标，这在一定程度上激发了学生的主动性、积极性，学生会更愿意参与，会形成主动参与的意识。

在数学教学过程中,教师可以运用小组教学这一灵活的教学形式,可以按照能力程度、按照学生特征或者学生的意愿来组成学习小组,但是,这并不意味着小组教学的活动开展是随机的,教师还是应该做系统的计划。这样,教学活动才能在掌控范围之内,才不至于出现混乱。

3. 个别教学

个别教学指的是教师单独对某一个学生进行教学,个别教学过程中,教师会考虑到单个学生提出的学习要求,单独地为学生制订学习计划、学习进度,引导学生独立学习、自主学习。个别教学可以更好地满足学生提出的数学学习需求,有助学生调整学习进度。个别教学虽然规模比较小,教学效率相对低下,教学进度推得比较慢,但是,它在很大程度上弥补了集体教学的不足之处。特别是在现代社会,教育倡导个性化,教育倡导因材施教,所以,最近几年,个别教学形式受到了较多的关注。

个别教学的优势在于可以让学生得到更多的关注,能够有效调动学生的积极性,能够赋予学生较高的主体地位。虽然它不利于学生和学生沟通,但是,它可以让教师因材施教,针对学生的个性特点着重培养。使用个别教学组织形式的时候,教师需要针对学生的个人特点来设置适合的教学活动,帮助学生制订学习计划,为学生查找需要的学习资料,帮助学生解决个人发展过程中遇到的难题。与此同时,教师要根据学生的个人变化对其做出科学的评价。

需要特别注重一点,三种教学形式都是教学过程中会使用到的基本形式,每一种教学形式都有独特特点、独特优势以及一些不足之处,在教学过程中,数学教师应该根据内容需要、教学对象的特点来选择适合的形式。在教学过程中,没有哪一种教学形式可以完全适合于所有的教学场合,因此,三种教学组织形式通常会组合运用,这样可以更好地发挥所有教学组织形式的优点。举例来说,复习课程当中,教师可以先引导学生在上课之前个别学习,自己构建知识结构,然后在真正开始课程之后,让学生以小组学习的方式交流自己在课程开始之前整理出的知识结构,最后再引导学生开展全班的大范围的交流。再举例来说,在研究某一数学课题的过程中,教师可以先将数学课题布置下去,然后让学生以小组的方式进行课题研究,最后让小组选出一名同学代表向整个班级汇报小组的研究结果。综上所述,可以发现选择哪种教学组织形式主要是看学习任务、学习内容以及学习对象的特点。在具体的教学过程中,数学教师需要结合实际情况调整和组合教学组织形式。

第三节 中学数学的教学评价设计

教学评价活动指的是以教学目标为根据,判断教学结果和教学过程的价值,从而服务于教学决策的活动。在教学期间，教学评价需要评价多种因素，如学生、教师、教学内容、教学管理、教学环境以及教学方式等，其中，最重要的是评价教师的教学过程以及学生的学习效果。

一、中学数学教学评价设计的分类

（一）依据评价的作用分类

依据教学评价在教学过程中发挥作用的不同，一般将教学评价分为诊断性评价、形成性评价和终结性评价。

1. 诊断性评价

诊断性评价指的是为了实施数学教学活动时能更顺利高效，可能需要在上数学课之前进行预测性的评价，也可能需要测定出影响学生学习的因素以及学生的条件、基础、出现问题的原因。开展诊断性评价是为了对学生的学习基础有一定的了解，以在开展数学教学活动时具备可实施性与针对性，把必要的资料收集起来，有效地解决学生的学与教师的教之间存在的问题。诊断性评价有如下三大作用：

第一，检测学生在学习上准备得如何。经常在某个单元或者某节课开始之前开展检测，有利于教师对开始教学前期学生掌握的技能程度、知识点以及发展水平有一定的了解。

第二，了解学生学习时存在的个体差异。诊断性评价能让教师深入了解学生在学习时存在的个体差异情况，从而根据这些差异更好地安排合理教学，让学生多样化学习的需求得到更好的满足。

第三，明白学生学习时为什么会遇到困难。诊断性评价能让教师明白学生在学习时遇到了哪些困难、为什么会遇到这些困难。

2. 形成性评价

形成性评价又叫"过程性评价"，指的是评价本身在数学教学期间的作用，这种评价可以适当地调节教学过程，有利于完善和改进教学活动，从而为教学目标的完成提供保障。形成性评价强调评价学生学习的过程，一方面有利于信息的及时获取和及时反馈，评价出来的结果能够调控与改进教学活动的过程，从而将教学目标与教学过程之间的差距缩到最小；另一方面有利于教师借助形成性评价反思教学进程，及时总结教学的经验与教训，及时有效地改进教学，从而让教师和学生共同发展和进步。通常情况下，形成性评价主要包括三方面：第一，评价学生理解和掌握的基本技能以及基础的知识点；第二，评价学生关于问题的发现、提出与解决的能力；第三，评价数学学习期间，学生所表现出来的交流与合作、态度、情感等。在开展形成性评价时，教师不能纯粹地把评价视为评定成绩的等级或者鼓励学生学习的方法，而需要将评价引向提供信息，依据评价与反馈的反馈信息，再结合日常的观测与形成性评价改进和完善教学活动。

3. 终结性评价

终结性评价又名"结果性评价"，通常情况下指的是数学教学活动或者一个教学阶段结束后来评价学生的学习结果。这种评价主要是为了评定学生的学习成绩，辨别学生对教育目标的完成程度，展示学生掌握的技能与知识的程度以及学习能力水平。比如，升学考试、毕业考试和期末考试都是终结性评价。

诊断性、形成性与终结性三种评价的价值和作用各不相同，都是有效评价学生的数学学习情况的方法。诊断性评价的开展是在教学活动前期，可以把学生的学习准备程度展示出来，让开展教学活动时能有可实施性与针对性。形成性评价的开展是在教学活动期间，注重不断地完善与改进数学教学过程中教师的教与学生的学，比终结性评价的作用更大。终结性评价强调对学生的学习成绩做全方位的评定，评定时主要针对一个教学阶段或者某门学科结束后，起到事后检查的作用。这种评价虽然较为客观，简单方便、容易实施，学生也比较容易接受和认可，但是不能解决教师教学期间与学生学习期间产生的问题，没有办法将改进的方法针对性地、及时地提出来，只能判定学习结果，而对学习过程无能为力，因此从评价的效果来看有一定的束缚，不如形成性评价的价值高。所以，要想使评价更有效果，应该把以上三种评价方法充分结合起来。

（二）依据评价的方法分类

依据评价的方法分类，教学评价可分为量化评价与质性评价。

1. 量化评价

量化评价，又名为"定量评价"，指的是若想判断某个评价对象的结果如何，就应该将繁杂的教学活动与现象转化为数量，进一步分析和比较这些数量。评价学生的数学学习效果，一般都是借助一些手段与方法把数据资料收集起来，如教育统计和测量等，对数量做定量的处理和分析，将集中趋势的离散度与量化指标找出来，再做出综合性量化的判断和描述。比如，在一次考试中，为了综合地判断出全班学生在这个阶段的数学学习情况，就需要分析全班学生的数学成绩的量化指标，如不同分数阶段的学生比例或人数、学生的及格率、平均分、方差等。量化评价虽然简便精确，还能防止人的主观因素对评价产生的不利影响，但由于很多因素都会影响到教学活动，只能考虑所建立的量化课程指标体系中为数不多的几种变量，数学教学过程中无法测量的重要因素容易被忽略，评价的可信度便没那么可靠。

2. 质性评价

质性评价指的是为了将评价对象所有的特点都评价和揭示出来，在研究与调查时应该努力借助数学教学活动展示的所有因素与现象。质性评价注重在教学活动期间个体的行为表现，而不注重数量化，不重视描述"量"，而注重从"质"的层面上对评价对象的行为表现进行鉴定。此种评价能与量化评价互补，弥补量化评价的缺失，有利于学生的发展。但是，质性评价总是会被各种各样的主观因素所影响，评价的效度与信度不准确，因为评价对象与评价者都是人。从根本上来说，质性评价与量化评价不会相互排斥，两种评价方法在评价时是依据不一样的方法和侧面完成的，二者之间相互支持、相互补充。因此，若想真实、科学和全面地对教师的教学与学生的数学学习效果进行评价，就必须把两种方法结合到一起，这种数学教学的评价方法也被新课程提倡。

（三）依据评价的目的分类

依据评价的目的来划分，评价又可以分为发展性评价、选拔性评价和水平性评价。

1. 发展性评价

发展性评价是过程性评价的发展与深化的评价方式，因为这种评价方式不仅注重教学的过程，而且注重过程取向，提倡在发展时要面向评价对象与未来，注重尊重评价对象的人格和尊严，强调评价对象自我的认识与反馈、完善与调控作用。发展性评价的实施是为了依据获取的评价反馈信息调节与改进教师的教与学生的学的行为，对个体和谐、持续与全面的发展起到促进与激励的作用，而不是为了把等级评选出来、把优劣筛选出来。发展性评价不仅关注教学期间的常态与静态的因素，对于课堂教学而言，更重视教学期间动态变化因素产生的影响，评价时重视差异性与个性化的结合。

2. 选拔性评价

选拔性评价是一种结果性评价，可以区别出等级和优劣，主要是服务于高一级学校的表彰、评奖、评优或者选拔学生等行为。比如，中考与高考中的数学考试就是选拔性评价。

3. 水平性评价

水平性评价的目的是针对事先确定好的要求，检查测验评价对象是否完成。开展评价时，将评价对象对比事先确定好的要求，对评价对象做出价值判断时需要考虑他们完成要求的程度。比如，在毕业考试中根据课程要求开展命题，如果学生没有到达60分就是成绩不及格，如果超过60分则为及格。

二、中学数学课堂教学的评价设计

教学的主要场所就是课堂，教育改革的目标之所以能实现，主要是依靠课堂教学的变革。课堂教学评价指的是在教学期间教师评价学生的学习成果与过程，以改善教师的教学，推动学生的学习。这种评价方式侧重于学生的发展与学习，不仅对学习结果有着高度的重视，而且十分注重学习的过程，能把教与学和评价结合在一起。

现代的数学教学和传统的数学教学相比有很多变化：第一，不再注重书本，开始注重学生的认知特征与年龄特点；第二，不再注重单一的知识目标，开始注重学生的全方位发展；第三，教师不再是单纯地讲课，开始注重引导学生开展小组的交流与合作以及自主探索，激发学生的创新意识；第四，教学情境不再偏离实际生活，开始注重创建生动活泼的教学情况；第五，教学手段不再过于单一和传统，教师开始运用发达的现代信息技术；第六，课堂上不再是教师一人说话，开始注重教师与学生的交流和沟通。只有通过这些转变，教师才能从课堂的领导者转变为课堂的组织者、引导者以及合作者，学生也才能从课堂的被教育者转变为真正的课堂主体。

（一）课堂教学评价的要素

课堂教学主要由教师、学生、教学内容三部分构成。在具体的课堂教学中，各部分只有综合发挥作用，才能形成高质量的课堂教学。课堂教学评价要素应包括以下七方面：教学目标、教学内容、教学方法、教学心理环境、教师行为、学生行为、教学效果。在这些要素中，教师行为与学生行为是评价的核心。

（1）教学目标。教学目标不仅是教学的起点与归宿，还是要达到的预期效果，对于学生和教师来说具有一定的约束和规范作用。教学目标不但对技能和知识提出了要求，还对学生关于数学的态度和情感、解决数学问题以及思考数学问题提出了要求。

（2）教学内容。教师在选择教学内容时要考虑到以下四方面：第一，教材内容；第二，教师将从实际生活中发现的和教学目标有关联的事物加入课程，从而构建的教学资源；第三，教师为了学生能更好地理解和掌握教学内容，创造性地改进和完善教材和与教材有关联的内容；第四，适当地将数学的思想渗透到教学内容中。

（3）教学的方法。教师在选择教学方法时应该注重把所有高效的方式方法都结合在一起，追求更好的现实成效。不管教师选择什么教学方法，都应该对学生解决实际问题的能力、语言表达能力、实际操作能力以及思维能力等有帮助；教师应在班集体中倡导民主的学习作风，为学生的质疑奠定基础。除此之外，教师在设置练习题时应该有层次和针对性，不仅要做到面向全班学生，还要做到因材施教。

（4）教学心理环境。教学心理环境是在课程开始后形成的，分为教师与学生的关系和课堂的氛围，会广泛、持续地影响到教师与学生的行为，从而对其他因素产生影响。

（5）教师行为。课堂上的所有因素都必须把教师具体的教学行为看作中介，因为教师在课堂上是真正的组织者与策划者。在教学期间，教师为了确保课堂教学的质量，需要做到把合理的教学目标确定下来，把适当有效的教学方法选择好，恰当地组织好教学内容与学生的学习活动，对于课堂上的各种突发事件等各种教学活动应该沉着冷静、巧妙地处理好。

（6）学生行为。学生不仅是课堂中真正的学习主体，还是全部教学活动的起点与归宿。教学活动对于学生来说融合了人际交往与交流、情感与认知等活动。评价学生的行为有很多方面：第一，从学习目标来看，学生有没有参与提出；第二，从学习方法与思考方法来看，学生有没有积极地从各种角度分析；第三，从解决问题来看，学生有没有主动与其他同学交流与合作；第四，从情感来看，学生有没有在学习期间投入情感；第五，从自我监督与评价来看，学生有没有在学习期间参与评价、自我监督等。

（7）教学效果。教学效果指的是教学目标达到了怎样的水平，如教师有没有合理地教育学生的态度和情感，有没有提高学生的基本知识、技能与智能，有没有让学生在参加活动时从广度、深度以及信息的交流等方面保持多向，课程的整体效果怎么样，学生问题回答得好不好，学生的思维活动是活跃还是死板等。

（二）课堂教学评价的方法

1. 观察法

观察法是一种科学的研究方法，指的是观察者目的很清晰，靠着一些辅助工具和自己的感官从课堂中直接或间接地收集资料，从而展开相应的研究的方法。有正式的观察，也有非正式的观察，正式的观察指的是在课堂中能用观察记录表执行，而非正式的观察指的是在课堂中能随时开展，教师能有意识地记录学生在学习期间展示出来的特点，并在一段时间内整理分析。

一方面，观察记录表既对学生技能与知识的学习情况比较注重，又对学生的一些能力比较重视，如学生对问题的发现、提出、解决与反思的能力，还比较注重评价学生在学习期间的态度与情感的发展。另一方面，观察记录表既重视评价学生的学习水平和能力，又重视评价学生之间的交流合作能力。

2. 访谈法

访谈法是一种反馈信息的方法，指的是评价者和评价对象能当面交流，从而了解实际情况、收集相关资料的方式，通常用在课后。访谈法的主要目的是对教师的教学目的、教学背景、自己对本次课程的评价、学生与教师的基本情况以及教学设计等有一定程度的了解。访谈需要注意以下方面：第一，访谈的时间通常应保持在30分钟，设置在当天上完课后；第二，访谈时不能被外界影响，因此应选择比较安静的地方；第三，访谈内容不能脱离主题；第四，访谈时不能想说什么就说什么，应该讲究交流的技巧；第五，气氛不能过于紧张，应该愉快、轻松与和谐。

3. 问卷法

问卷法指的是用书面形式对教师或学生提问的方法，回答时学生和教师可以依据对课堂教学过程与效果的个人感觉来完成。学生问卷分为对教师的评价以及对自己学习情况的反馈等。教师问卷分为教师是否具备教学的基本能力、学生参与性是否积极、课堂氛围是否活跃、教师对教学内容是否熟练、教师在教学期间是否有创新以及是否重视对学生学习的培养方法等。

第四节 新课程背景下中学数学游戏化教学设计

"所谓游戏化教学模式，就是任课教师根据教学内容的需要，设计合理的游戏活动环节，并将其有机地融入课堂教学中。"[①] 此环节改变了传统数学课堂沉闷的氛围，增加了课堂趣味性，有利于吸引学生注意力，激发其学习兴趣，辅助课堂教学的开展。目前，游戏化教学模式是中学生喜欢的教学方法之一，它可以使学生在课堂上获得有趣的游戏互动知识，充分体验学习的乐趣，增强学生在课堂学习中的获取感和满足感。在进行游戏教学之前，教师需要仔细分析学生的具体学习状况，对学生的自我认识结构体系以及学生对于数学知识的接受程度进行充分的了解，结合学生的个性特征对游戏互动进行设计，以保障课堂教学的进度，提高教学效率。

一、新课程背景下中学数学游戏化教学设计的意义

中学数学游戏化教学模式的运用，对学生学习兴趣的培养、主观能动性的发挥以及对师生关系的建立都发挥着主观重要的作用。

（一）调动学习积极性

在新课改不断推进的背景下，教师对教学内容要进行合理的设计，注重结合学情。教师要关注学生在此阶段的个性特征，针对不同学生的心理特征以及认知结构进行教学设计，

---

① 于娟. 新课程理念下游戏化教学模式在中学数学课堂中的运用 [J]. 才智，2020（13）：72.

充分发挥学生的主体地位,激发其学习兴趣,发挥教师的引导作用。在进行课堂教学过程中,任课教师需要合理地设置游戏活动环节,在缩短师生距离的基础上增进师生亲和感,且引导学生在游戏互动环节中,拉近学生与数学理论知识之间的距离,让学生体会数学的知识魅力。生活实际与理论知识相结合的游戏模式,有利于激发学生的学习兴趣,培养并提高学生动手实践的能力与探究解决问题的能力,促进学生全面发展。

(二)发挥学生主体地位

传统教学模式下,教师忽略了学生的主体地位,缺乏对学生个体特征进行正确认识,打击了学生的学习积极性,不能发挥学生的主观能动性,从长远来看,会引起学生的反抗和抵触,不利于教学活动的有序进行。同时,传统的灌输式教学方法缺乏课堂趣味性,枯燥的理论学习无法长时间集中学生的注意力,不利于课堂教学效率的提高。然而,将游戏化教学模式应用于课堂教学中,营造出轻松和谐的课堂氛围,吸引学生积极参与课题讨论,有利于充分发挥学生的主体地位,培养学生主观能动性的发挥,从而提高教学效率。

二、新课程背景下中学数学游戏化教学设计的策略

游戏化教学模式在中学课堂中的应用策略,可以从新课程的开展、利用游戏互动进行课程巩固复习以及培养学习兴趣等方面进行探讨,创造和谐的课堂氛围。

(一)依托游戏导入新课,激发学生学习兴趣

合理的导入环节有利于课堂教学活动的开展,课前导入的趣味性对学生具有启发意义,可激发其探究欲望。因此,教师在进行课前导入时可进行合理的游戏互动,以此调动学生的学习积极性,使学生充分参与教学过程,提高教学效果,同时使学生在教师的指导下开展相关的思维活动,牢牢把握知识点,提高学生的获得感和满足感。

(二)利用游戏开展教学,营造和谐师生氛围

教师应通过各种游戏活动对枯燥乏味的课堂环境进行改善,营造出轻松和谐的学习氛围,使学生在学习过程中放松心态,提升舒适度。教师在设计游戏互动时,要将教学内容、教学进度与学生的个性特征有机结合起来,保证游戏环节为课堂教学服务,具有针对性,提高课堂教学效率。另外,数学教师在教学过程中要注重将理论与生活实际结合起来。数学知识来源于生活,必将应用于生活中。因此,教师在进行游戏设计时要加入生活元素,拉近学生与数学之间的距离,并将其应用到教学过程中,充分调动学生的学习热情。

（三）通过游戏互动进行复习巩固，提高效率

学生对于数学知识的深入掌握有赖于课后的复习与巩固。复习能够帮助学生及时填补学习上的空白，并帮助学生巩固知识。但是单调的复习导致学生极易产生应付学习的心理，若任课教师在复习知识时能够采用游戏化的方式则会极大地增强学习效果。课后，教师可以组织学习小组开展多种形式的游戏环节，如背诵比赛、使用记忆卡、游戏接龙等，教师引导学生不断参与游戏，在游戏中对理论知识进行二次学习，加强记忆，使学生对知识真正掌握并能够有效利用。

在新课程理念的影响下，游戏化教学模式在中学数学课堂教学中受到了教师的广泛欢迎。该教学模式可引导学生积极地参与课堂教学活动，改变了传统教学模式中枯燥的教学氛围，为学生提供了轻松和谐的学习环境，一定程度上消除了学生对于数学学习的抵触心理，激发了其学习兴趣，拉近了学生与教师之间的距离，有效地提升了教学的实效性，为学生打造了高效课堂。

第四章　新课程背景下中学数学教学技能

第一节　中学数学教学的课堂导入技能

课堂导入[①]是教师在一项新的教学内容和活动开始前，引导学生进入学习状态的行为方式。导入新课是课堂教学的重要环节，如何引导学生尽快进入数学学习的状态、情绪饱满地投入学习，是教师应该了解并熟练掌握的技能之一。进入新课教学之前，迅速唤起学生的求知欲，使学生积极思维，形成乐于参与艺术实践活动的精神状态，这些对于新课教学非常重要。因此，教师根据不同年龄学生的心理特征和教学任务的需要，熟练运用数学教学规律和原则，灵活采用各种教学手段，在课堂教学伊始，就能很快让学生进入角色，这是一种教学艺术。

一、数学教学中新课导入的要求

（一）新课导入要符合数学教学内容

导入必须有明确的目的，一切导入手段都是为顺利进行新课服务的。缺乏目的性的导入，手段无论多新颖，都是违背教学规律的。

导入要与教学内容紧密联系，从教学一开始就吸引学生注意力，将学生带入新内容的学中，有些教师总是想方设法地追求新颖的教学方式，实际上内容已经脱离教学整体，即使再精彩也缺乏实用价值。因此，导入要充分建立在所授教材的内容上，不能游离于教学内容之外。

（二）新课导入要适应学生自身特点

学生是学习的主体，在设计导入形式和内容时要考虑学生的知识基础、学习特点、心理特征，关注学生身边发生的令他们感兴趣的事情。如果对学生的层次、水平和心理了解不深，就会使课堂导入环节流于形式，根本不讲究艺术。这些导入的方法只是教师从自己的理想和预想出发，忽视了学生的实际情况和他们可能出现的反应，使学生处于被动地位，抑制了学生的思维活动，无法调动学生的学习兴趣。导入艺术能吸引学生的注意力，活跃思维，发挥学生的主观能动性，增强学生的参与意识，使学生自然地进入新课的特定角色，成为教学活动的主体，激发学生的学习兴趣，增强学生的听课需求和求知欲，从而提高学

---

① 课堂导入是课堂教学环节，用来安定学生学习情绪。

生的学习效率，优化课堂教学。

（三）数学新课的导入尽量短小精悍

导入不是课堂教学的主要环节，它只是一个前奏，因此要求教师在设计导语时要短小精悍、简洁明了、概括性强。导入仅仅是一堂课的引子，用时过长就会影响正课的时间。所以在导入时一定要合理取材，控制好教学时间，恰到好处，适可而止。

二、数学教学中新课导入的原则

首先，目的性原则。根据系统论的观点来看，教学过程的结构具有系统性。通常情况下，人们所指的好文章需要具备"凤头""猪肚"以及"豹尾"，"头"是指教学过程中的新课导入，它的主要作用是开启"肚"和"尾"，服务于后者，如果把"头"和其他部分割裂开来，不管新课导入怎么精彩，都无法达到预期效果。所以导入一定要从教学目标出发，有目的地设计教学内容以及学生的学习特征等，把学生带入自然的学习领域。在这个过程中，不能过于注重形式，出现喧宾夺主的现象。

其次，时间性原则。课堂导入环节是教师根据教学目标和教学内容采取不同的教学媒体和方式，引导学生进入新课学习，让学生迅速进入课堂，并保持良好的学习状态的教学活动方法，是教师授课需要跨越的第一关，但在实际教学的过程中，课堂导入并不是教学最重要的部分，所以，教师应该在较短的时间内迅速集中学生的注意力，不断激发学生的思维活动以及积极性，让学生对新知识产生浓厚的兴趣，进而让学生在最短时间内获得最好的学习成果。所以，新课导入应该与后面的教学内容紧密相连，安排紧凑，时间控制在3～5分钟最佳。

最后，艺术性原则。通过富有艺术魅力的导入使学生以最佳心态投入学习活动，更有利于接下来各个环节的展开。导入是一门教学艺术，不可能找到固定不变的模式，全在于教师依据教材特点和学生的实际进行创造性设计，以取得预期的教学效果。

三、数学教学中新课导入的功能

首先，新课导入可以有效集中学生的注意力。从学生的角度来看，每一节课都是新的，但是，每堂课的时间有限，如果想要最大限度地提高课堂教学的效率，那么每节课的开头非常重要。此外，只要教师的新课导入合理，一定可以将学生的注意力都集中到数学学科的课堂中来，进而提高学生学习的专注度。

其次，新课导入可以激发学生的学习兴趣。精彩的新课导入可以激发学生浓厚的学习兴趣，积极的学习兴趣可以转化为一种学习期待，让学生带着求知、迫切的心情进入新课。

再次，新课导入可以把新旧知识联结在一起。在学习新技能的过程中，总是以原有的知识、技能为学习基础，通过联想把新的知识和技能融入知识体系。在新课导入环节，可以以复习旧知和练习旧技能的方式进入新课，达到温故知新的效果，让学生的知识体系更加全面、系统。

最后，新课导入可以促进师生感情。教学是一项双向活动，需要建立在教师教学与学生学习的基础上，和谐融洽的教学氛围需要师生之间相互理解和尊重。与此同时，教师和学生的情绪也会相互影响。所以，在导入新课的过程中，教师应该注重师生之间的情感沟通，以饱满的情绪和热情的态度感染学生，与学生建立良好的师生关系，由此，学生才能更好地学习和提高。

四、数学教学中新课导入的方法

（一）衔接导入法

在实际生活中，衔接导入法属于最常见的导入方法，这种方法是依据新旧知识的逻辑关系找到知识之间的联系，达到温故知新的效果。这一类导入法又可以分为复习导入法和练习导入法。

复习导入法最重要的是找到新旧知识之间的联系点。在教材中找到和新知识相关的复习知识，让复习内容变成新知识学习的基础和铺垫。这种导入法可以以提问的方式让学生思考和回答新旧知识相关的内容，由此加深学生对旧知识的理解和新知识的认知。

练习导入法具体的步骤是：首先，由学生做练习题的情况了解和分析学生对旧知识的掌握程度，然后教师通过的矫正、指导和传授引导学生掌握新的技能。

（二）实践导入法

实践导入法指课前通过让学生参加某项或某几项实践活动来导入新课的方法，此法常与衔接导入法结合运用。这样导入既巩固了旧课学习的成果，又能很自然地将学生的注意力转移到艺术教育氛围中来。不仅活跃了课堂气氛，突出了艺术教育的愉悦性特点，而且激发了学生的学习积极性，可使之心情愉快地投入新课学习。

五、数学教学中新课导入的技能

（一）新课导入技能的基本目标

第一，了解数学课的导入类型和基本要求。

第二，导入实践时做到：迅速集中学生的注意力，激发其学习兴趣，启动学生思维，让学生明确学习目的，顺利、自然地进入新课。

（二）新课导入技能的主要程序

第一，学习和研究导入技能的有关理论。

第二，学习、分析范例。学习、分析范例一般有四种方式：阅读导入教案、见习中学数学教师的课、观看录像片、指导教师亲自示范。

第三，编写教案。编写教案时应思考以下问题：为什么选择这种导入方法？导入方法与课题内容、目标有何关系？导入方法是如何促进学生学习的？选材是否恰当？这个课题能否用其他方法导入？教案内容是否紧凑，逻辑是否严密？

第四，导入实践，组成微型课堂。由教师、学生、操作人员等组成，6～10人为一组，也可用大班形式进行。课前由受训者对课题导入的目标、导入类型、导入设计简介做简短说明。

第五，教学反馈。教学反馈要说明导入实践与原设计的不同，实践中出现的问题、感受、体会，导入目的、内容和任务完成情况。

第二节 中学数学教学的课堂语言技能

一、中学数学教学的课堂口语表达技能

教学口语是教师在教学课堂中常用的工作用语，由教师的口头表达传授教学内容。教学口语依据教学内容和学生的心理特征及变化，通过正确的方法和规定的教材，在规定时间内实现某种教学效果的教学使用语言。

在数学教师的课堂教学过程中，课堂的口语表达技能是教师应该具备的基本技能，这也是教师的职业语言。教师的口语训练也是训练教师口语表达技能的重要组成部分。教师的授课水平很大程度上取决于教师的口语表达能力和技巧。一方面，应该充分了解和掌握教师口语的特点及要求；另一方面，教师应该提高教学口语表达技巧，进而提高教学水平。

教师的教学口语表达技巧受到各方面因素的影响，包括教学对象、教学情境以及教学手段等。不管是哪一种语言，都需要在具体的语境中展开。大多数情况下，教学口语表达技巧受制于教学情境。而教学情境取决于教学内容及教学目标。教师在课堂中的语言最终都是为了服务于教学目标和教学任务。

教学口语的最终目的是帮助学生更好地理解和掌握课堂知识，所以教师在课堂上讲课的过程中一定要充分考虑学生的年龄特点以及接受能力；并且在互动的过程中，教师应该不断调控和改变教学口语。不同学科，性质不同知识结构也不同，因此，不同学科需要采取不同的教学手段和方法。教学口语必须紧密联系和配合这些教学手段，说话的方式、内

容、音量和强度都应该根据具体情况改变。

在课堂上，教师的口语表达技巧不仅在一定程度上决定了学生的学习效率和学习成果，而且会直接影响教学目标的实现。因此，作为教师，必须掌握教学口语。另外，教学口语和日常口语都是教师的职业语言，但是，两者存在明显的区别。虽然，教师的教学语言属于日常口语的一种，但教学语言与大白话又存在很大区别，教学口语是加工过后的口语语言，不同于日常交谈语言。教学口语结合了转化后的书面语和优化后的口头语，教学口语具备一般口语的特征，以有声语言为主，以态势语为辅。与此同时，教学口语受制于教学内容和教学目标，缺少日常口语的灵活度和随意性，但是，相比于日常口语，教学口语在表达能力上更加规范和严谨，且更具教学艺术性。

（一）口语表达技能的特性分析

1. 教育性

长期以来，教师最根本、最主要的工作就是教书育人，因此，口语表达技能的教育性应该展现在学科的教学环节中。在讲授学科知识的过程中，教师应该结合自己的语言特点进行思想教育。在这个过程中，一方面不能脱离教材，另一方面不能忽视教学的知识属性。因此，在进行思想教育的过程中，应该巧妙地运用哲理性语言，以理服人。

2. 规范性

教学的最终目标是传授学生知识、技能以及方法。教师需要掌握准确的知识、明确的技能以及科学的方法，因此，在使用教学口语的过程中，教师必须严格按照规范使用。首先，教学口语表达的规范性表现在语言形式上，需要教师做到语汇规范、语音规范以及语法规范。学校和相关教育机构的教育教学用字都应该使用规范的普通话和汉字。教师的语言应该保持规范，在教学的过程中也应该使用规范的普通话，为学生答疑解惑也应该使用规范的语汇，不滥用方言词、生造词以及网络用语；在组合词句的过程中也应该根据语法习惯组词造句。此外，语法规范应该以典范的现代白话文著作为依据，避免出现搭配不当等现象。其次，规范性还表现在语言内容上，与日常口语不同，教学口语更加规范统一，不管是哪一门学科教学，最终目的都是传授知识。因此，为了达到有效的教学效果，教师应该使用教学口语准确、真实、清晰地表达和传授教学知识。

3. 针对性

从本质属性来看，语言属于一门独特的艺术，语言的对象是分阶段的。不同年级的学生可以接受的语言体系不同，如果都采用一样的教学语言，很难想象会形成怎样的教学效果。教学口语具有不同的语言形式，因为不同学生的语言感知能力不同，因此，教师应该考虑清楚自己的教学口语是具体的还是抽象的,是直接的还是含蓄的。不同学科的教学方式和教学口语都不同,即使是同一门学科,不同的教学内容需要运用的教学口语也不同。正因为如此,教学口语的针对性让不同学科呈现出不同的艺术特点,由此呈现出各种各样的、丰富多彩的教学内容和教学效果。

4. 科学性

教学口语的科学性指教师应该精练、准确、系统、有逻辑地运用教学口语。教学口语主要运用于传递各科的教学信息,每一门学科都有自己的独特规律和概念,不管是传授科学知识还是人文知识,都应该运用专门的学科术语、专业术语来代替日常用语。从数学学科的教学角度出发,教师应该准确地表达学科知识,严谨地传授学科知识,避免出现知识误解等问题。

教学语言不是独立存在的,相互之间存在语言链。语言链的作用是保证语言相互关联,清晰明了;语言表达一定要层次清晰、条理分明、重点突出,不能以点带面,挂一漏万。教学口语的深层次结构离不开语言链的系统性和逻辑性。

5. 启发性

启发性是指在教育教学的过程中,教师启发诱导学生思考,引导学生形成自己的独到见解。有的教师注重讲解,有的教师注重示范,还有的教师注重启发诱导。因此,在教学过程中,教师不能把知识的教授数量作为教学成果的唯一衡量标准,更应该注重拓展学生的思维。所以教师在运用教学语言的过程中应该注重启发诱导和设疑点拨,注重情境创设,留充足的时间让学生思考,积极调动学生的自主性、求知欲和积极性。此外,还应该充分考虑实际情况,做到不悱不发,由此发挥教学语言的积极作用。

6. 口语性

教学口语是一种有声语言,教师只有把教案和讲稿转化为教学口语,才能由浅入深,通俗易懂。如果只运用书面语言,或者运用晦涩难懂的概念语言,不管怎样,都无法打动学生,因为学生无法理解此种抽象概括的语言,因此教师一定要用自己的话把教学知识讲出来。

7. 生动性

教学口语是生动有趣、充满艺术效果的教学语言,可以充分调动学生的学习兴趣,并提高学生的学习效率。教学口语的生动性主要表现为教学口语具有一定的情感变化和艺术效果,教学口语还具有机智性和多样性。

语言本身具有情意性,特别是教学口语,通常会受到教师的情感变化的影响。在授课过程中，教师一定要情感饱满，以学生为主体，关爱学生。在讲课的时候一定要充满感情，用真挚、诚实的情感感染每一名学生。

教学口语的艺术性是指教学口语声调的抑扬顿挫、快慢适中，具备一定的音乐节奏感。在教学的过程中，教师抑扬顿挫的教学口语可以给学生营造良好的课堂氛围和听觉效果，还可以让学生保持良好的学习兴趣。如果整堂课没有一点起伏和节奏，始终采用一种声调，学生将无法感受和体验知识的灵动、有趣。在教学的过程中，教师应该根据教学内容的难易程度以及学生的反应，适时调整上课的节奏和氛围。

教学的过程中，针对不同学生的课堂反馈，教师应该巧妙地运用教学口语引导学生，帮助学生解决问题，进而保证学生的学习积极性。同时，教学口语的巧妙运用可以帮助教师和学生建立良好的教学关系。

（二）口语表达技能的语言分类

1. 导入语言

导入语言是指课堂的开场白，是教师引导学生进入课堂学习状态的准备性语言。一般情况下，导入语言的长短保持在2~5分钟。导入语言看上去简单，但它是教学中不可或缺的环节之一。好的导入语言可以将学生分散的思维聚拢在一起，还可以激发学生的学习积极性，加深师生之间的情感联系。导入语言可以是一个问题、一首歌、一个故事等。在一堂完整的课中，开头非常重要，好的开头决定后续的教学内容和节奏。因此，导入语言的设置应该注意以下四点：

首先，简洁明快。在一堂课中，导入语言是开始阶段，它的主要作用是引导学生进入正题，简而言之，它只是课堂内容的前奏，不是教学的主体。一般情况下，学生的注意力集中在课堂最开始的10分钟。在最初环节，教师不能太啰唆。不管是哪一种导入方式，都应该设置得简单明快，最好把时间控制在5分钟之内。

其次，形式灵活，大胆创新。导入语言设计得越巧妙，越能吸引学生的注意力，进而开拓学生的思维和发挥学生的主观能动性，让学生自然而然地进入新课。因此，针对不同的学科、教学内容、教学环境以及学生，教师应该具体问题具体分析，采取不同的方式导入新课，敢于创新，精心设计，灵活运用相关资料和设备。

再次，明确目标，提升效率。导入语言是课堂教学的重要组成部分，在设计导入语言的过程中，应该始终围绕教学内容进行设计，进而突出教学重点。有时候，教师为了激发学生的学习积极性，只注重导入方式的多样性，忽视了导入的实质作用。在教育教学的过程中，一切教学环节都是为了提高教学效率，因此，怎样才能在有效的时间内实现最好的教学成果是广大教师和教育部门及机构都想解决的问题。

最后，注入感情，创设情境。在教学开始时，不仅需要设计精心的导入语言，还需要教师引导学生通过学习和思考产生情感共鸣，进而保持学生的学习积极性。

2. 讲授语言

讲授语言也属于教学用语中的一种，主要用于阐释教材内容，讲授语言是教学中最重要的语言。教师通过讲授学科知识和传授学科技能提升学生的综合能力。在教学的过程中，教师把新知识、重难点通过自己的语言阐释、分析和讲授给学生，让学生可以更快、更清晰地掌握学科知识。

3. 提问语言

提问语言主要以教师提问学生的方式拓展学生的思维和智力，进而唤起学生的思维逻辑能力。从本质上来说，课堂教学的过程就是提出问题、分析问题、解决问题的过程。因此，在教学课堂中，以提问的形式推进教学的方法十分常见。好的提问可以深化知识体系，激发学生的灵感，为学生提供感知事物的机会。

4. 应变语言

应变语言是指教师在教学的过程中针对突发情况使用的课堂语言，应变语言可以有效调整师生关系，可以保障教学的顺利进行。

教学课堂的前进方向始终面向未来，随时都会发生意外情况，由此可见，课堂教学是一个动态变化的过程。当教师、学生和知识等多项元素交融时，很有可能会发生意料之外的情况，因此，教师应该提高自身的随机应变能力，在教学的过程中，根据不同的情况采取不同的解决方式应对。其中，应变语言就属于应变能力中的一种，应变语言也是教育机智和语言机智的重要表现。教师的应变语言是通过长期的教学实践锻炼出来的。

5. 结束语言

结束语言也被称为结尾语言和断课语言，是教师对整堂课内容的总结归纳语言，教师在此基础上引导学生拓展和迁移所学知识。在教学中，结束语言的作用是多种多样的，通常情况下，教师的授课内容比较分散，为了帮助学生更好地理解和整合课堂内容，教师通过结束语言整合、归纳和强调课堂的内容，结束语言的作用是总结和整理整堂课的知识点，帮助学生理清思路。另外，在临近下课时，学生的注意力大部分都是分散的，所以，设计一个优秀的结束语言非常重要，可以让学生保持学习状态，进而收获好的教学成果。可以把讲课看作写文章，一定要有章法。课堂的最后，钟声响起，留给学生的是悠悠的感触，耐人寻味。结束语言不仅可以总结归纳整堂课的内容，在教师的引导下，还可以将教学知识延展到课后，进而帮助学生更加全面地掌握课堂知识。

二、中学数学教学的课堂书面语表达技能

语言是教学中传递信息和进行交流的重要方式,除了口语和形体语外,还有教学书面语。书面语即教师在教学中使用的书面语言。

(一)书面语和口语的关系辨析

书面语的定义是人们书写、阅读文章时运用的语言。书面语是基于口语发展形成的,它是文字产生以后才逐渐形成的。书面语和口语之间既有联系又存在区别:首先,书面语是基于口语发展而来的,它是口语的智慧以及结晶,在一定程度上促进了口语的规范化发展;其次,书面语和口语的区别比较明显,口语更趋于大众化,但书面语更趋于规范化,属于比较正式、"官方"的语言。

(二)书面语的主要特征分析

(1)规范性特征。语言的规范性是指语义要准确,能够清晰地表达意思,不会引起歧义。另外,语法要合乎逻辑。要注意词语之间的合理搭配和使用,使书面语具有系统性和逻辑性,使学生看完就明白教师所讲述的概念、定义的具体含义,所论述事件的因果关系,所展示技能的要领等。

(2)教育性特征。语言的教育性可从两方面来理解:一方面是书面语言对学生的学习具有启发作用和教育意义,使学生从教师的语言中能够很好地理解教学内容,能够使学生对教学内容产生思路和分析的能力;另一方面是教师的书面语能够真实地表达教学领域的内容,即教师能够选择简练、准确、合适的语言表达教学内容,语言的论述都是以教学内容为中心的。

(3)可读性特征。可读性就是指采用的语言表达方式是人们更能够接受和易于理解的。板书和教学评语的对象都是学生,所以教师在板书时用词要进行斟酌,使学生能够更好地记忆和理解,通过恰当的修辞使学生能够明白教师对自己的评价和看法,明白自己在学习中的优势和不足。

第三节 中学数学教学的课堂提问技能

"在教学中怎样提高课堂效率,课堂提问是其中很重要的一环,因此,研究课堂教学中提问的技能是优化课堂过程、优化学生思维流程的关键。"[1]提问是指教师运用提出问题及针对学生的回答所做出的反应方式来促进学生主动参与学习,了解他们的学习状态,启发思维,使学生理解和掌握知识、发展能力的一类教学行为。这种教学行为是通过师生

---
[1] 夏兆阳. 中学数学教学与管理研究[M]. 西安:世界图书出版西安有限公司,2017:177.

相互作用去实现教学目标的一种主要方式,是教师在课堂教学中与学生相互交流的重要的教学技能。

一、中学数学教学中课堂提问的功能

有经验的教师几乎每节课都要精心编拟不同水平、形式多样、发人深思的问题,选择恰当的时机来进行提问。提问的教学功能有以下几方面:

第一,激发学生参与的功能。启发式教学的核心是发挥学生的主体作用,教师有目的地提问可以激发学生的主体意识,能把学生引入"问题情境"[①],使学生的兴趣和注意力集中到某一特定的专题或概念上,产生解决问题的自觉意向,从而增强学生学习数学的动力。

第二,培养学生分析问题和推理论证能力的功能。正确恰当地设置问题可引导学生沿着数学的科学性、严密性原则去思考,有助于培养学生分析问题和推理论证的能力。通过问题的解答,能提高学生运用有价值的信息去解决问题的能力及有效准确的表达能力。例如,讲完函数概念之后,可以有目的地给出一系列如下形式的函数:常数函数、分段函数、隐函数、狄利克雷函数等函数的具体实例,请学生判断其是不是函数,并说明理由。这样的提问,学生若能表述得清晰完整,显然是不容易的,这正是培养学生分析问题、推理判断能力及表达能力的好机会,也是提问的重要功能。

第三,反馈调控功能。调控最不能缺少的便是反馈。对学生进行提问的益处很多,一方面,能让教师及时从反馈中得到必要的信息,清楚学生的吸收情况,解决学生无法理解的问题,正确地引导学生学习;另一方面,能对自己的教学效果有清晰的认识,及时找出教学过程中遇到的困难,从而修改教学方法,对教学内容做适当调整,持续对教学程序进行有益的调解和控制。

第四,巩固强化功能。对于掌握做题技巧和数学知识、获得数学法则与定理来说,教师适当地提问、设计巧妙的问题以及引导学生深入思考都必不可少,这些行为既能把学生对知识的渴望激发出来,又能锻炼学生的综合实践能力。

第五,给学生提供展现机会的功能。要给学生提供回答教师问题的机会。教师要求学生回答自己提出的问题,学生则需要运用所学的各种方式来回答,如论证、举例、表述、板演和说理等。一方面,学生可以把自己的理解和认识水平展现出来;另一方面,教师能

---

① "问题情境"可理解为一种具有特殊意义的教学环境,这种教学环境除了物理意义上的存在外,还有心理意义上的存在。从物理意义上讲,它具有客观性,是一个看得见、摸得着的教学背景,它可以是现实生产、生活材料,也可以是本学科的问题,还可以是其他学科的相关内容等。从心理意义上讲,它充分反映了学生对学习的主观愿望,能激发学生的学习兴趣,唤起学生对知识的渴望和追求,让学生在学习中有一种积极的情感体验,使学生积极主动地投入学习。

对学生的学习情况有更深入的了解，引导学生积极参与到课堂中，从而让学生和教师有更好的沟通。

第六，评价功能。在教学期间，教学的目标有没有完成、学生有没有掌握好基础知识，都需要通过提问学生来做出合适的评价。得到反馈最有效果的办法也是提问学生，对教师及时评价学生与教学的效果也有很大的帮助。

二、中学数学教学中课堂提问的原则

（1）目的性原则。为了能更有效地激发学生的学习思维，从而完成教学的目标和任务，在课上对学生提问时应该有比较清晰明确的目的。教学内容应该和教学目的相融合，设置教学内容时要依据每节课的教学难点和重点。因此，在课上提问时应该有舍有得，要扣住课程疑点、针对课程难点、围绕课程重点，不能本末倒置，要表现出正确的思路与针对性的目标，防止个人主观性、盲目性和随意性。如果做不到这一点，则会导致问得过多没有趣味、问得过多没有实质，对学生的学习能力与课堂的教学效果产生不利影响。

（2）启发性原则。教师的作用不是代替或逼迫学生学习，而是启发和激励学生学习。对于现代认知心理学来说，只有把新的知识融入本身已有的认知结构，同时找到新知识和已有知识的认知结构中的相通之处，才能同化新知识，从而对新知识掌握得更好。因此，在数学教学过程中，教师不能纯粹地让学生回答"好不好""是不是"以及"对不对"等一系列问题，而应该借助问题来激励和诱发学生的思维。

（3）适度性原则。在课上提问学生时，应该参考和借鉴最近发展区原理，从而找一个合适的时间对学生进行提问。适度性原则包含两个层面：第一，问题的难度应该适中，不能过于简单，也不能过于复杂，否则学生会感觉课堂非常枯燥乏味。难度过大的问题会让学生云里雾里，而过于简单的问题则会让学生应付了事，使学生产生一种课程异常简单的感觉，从而对课堂丧失兴趣。第二，教师在教学期间应该对提问的时间与频率有较好的把握。在一堂课上，如果一点提问环节都没有，学生会感觉枯燥乏味，导致走神；而如果教师一直在提问学生，学生则不能冷静和理智地思考，课堂结构的完整性与严密性就会被破坏。

（4）兴趣性原则。对于现代教育心理学来说，如果学生对教学内容感兴趣，学生的注意力就会比较集中，从而更好地理解、记忆、发散思维和想象力，进一步掌握更多的技能和知识。

（5）循序渐进性原则。在设计数学问题时应该参考借鉴课程的思维逻辑，如果想到哪里问哪里、顺序错乱，学生的学习思维就会被打乱。因此教师需要认真地研究学生的认知顺序，做到由表及里、由简单到复杂、由浅到深，让学生能一步一步来。

（6）全面性原则。素质教育是对所有学生进行教学的教育，能让所有学生的知识体系都得到更好的发展和进步,所以教师应该做到以下三点:第一,对于学生的回答,教师应该认真耐心,用一些合适的鼓励和表扬的话语把学生对知识的渴望激发出来;第二,教师的作风应该民主、态度应该亲切,减少学生的胆怯心理,让学生勇敢地把自己的想法和意见表达出来,让学生把自己的独特个性尽情地展现出来,把学习中遇到的难题提出来;第三,要提问全部的学生,让每一个学生参与到课堂中,调动学生的主动性和积极性。

(7)充分思考性原则。学生回答完毕后,教师应该过几秒再说话,这样可以让其他有相同或不同见解的学生发言,而教师在提问完学生后应该留给学生足够的思考时间,进一步把学生的主体地位体现得淋漓尽致。

(8)及时评价性原则。对于学生的回答,一方面,教师应该表现出合适的回应,这样能把提问的效果发挥到最大,因此需要明确地回应学生,否定、肯定以及追问都可以;另一方面,教师应该对学生的回答给予足够的尊重,努力引导学生提出问题以及思考问题,从而把学生的学习思维和学习主动性充分调动起来。

三、中学数学教学中课堂提问的类型

(一)复习与回忆提问

数学学科的抽象性和逻辑性都非常强,学生每次学习新的知识时都和学生原有的认知结构密切相关,如果学生并没有掌握与新知识有联系的旧知识,那么在学习新知识时就会遇到困难。若想避免这些问题,让学生准备好学习新的知识,教师就应该在课上及时提问一些以前学习过的知识点。除此之外,教师还能及时复习之前的课程,让学生把新的知识和旧的知识联系到一起,从而把学习到的知识融会贯通。它的一般形式是:"前面我们学习了……现在请同学们叙述一下……什么是……""……的内容是什么?"这类提问往往限制学生的独立思考和思维的更新,它一般用于新课的引入或某一问题论证的开始,使学生回忆起所学概念或事实。

(二)理解提问

相较于回忆和复习提问,理解提问的级别更高,具体如下:

一般理解,指的是教师讲解完一些公式、定理、概念和法则以后,学生能做到在回答教师的问题时用自己组织的语言。比如,教师讲解了反函数以后,学生能用自己的语言把求函数的反函数的过程总结出来。学生学完一元二次方程以后,可以把求一元二次方程的过程总结出来。

深入理解。学生学完一些公式、定理、概念和法则以后,不是单纯地复述,而是能用自己的语言描述知识点的核心和实质,改变已知信息的结构或者形式。为了锻炼学生思维的深刻性,教师可以多问一些能让学生思考的问题,如在学完不等式的定义后,可以问学生:"等号两边如果同一时间除以或者乘以同样的数,不等式的方向有没有变化?""不等式两边如果同时减掉或者加上同样的数,结果会有什么变化呢?"

对比理解。为了让学生把两个相似的概念区分开来,从而对概念的理解更本质、更深入,教师需要在一个问题里融合两个接近的、类似的定义或概念。例如,"从性质和图像来看,对数函数和指数函数有什么异同点?""从性质来看,不等式和等式有没有不同之处呢?"为了对学生的学习情况有一定的了解,从而根据学生的回答情况组织后面的教学,教师在检查学生对技能和知识点的掌握情况时,或者总结整节课的知识点时,又或者讲解完一些接近的数学原理、概念时,经常会问这些引起学生思考的问题。

(三)应用提问

能否在对新知识有一定的了解后,运用新知识和相关的旧知识解决实际问题,这是应用提问的目的。应用提问有如下两个内容:

一般应用。在解决常见的问题时能用到新知识。比如,学生学完等腰三角形知识点后,教师提问:"一个角的度数已经知道了,另外两个角的度数能求出来吗?应该怎么求呢?"

灵活应用。在解决很复杂的问题时能用到新知识。这种提问通常是为了检查学生对知识点的应用程度。

(四)归纳提问

归纳提问可以在积累足够多的实际材料以后开展。归纳的种类有两种,即完全归纳与不完全归纳。在数学中,应用不完全归纳的提问非常多,因为不完全归纳能作为猜想的根据,但是无法作为数学的证明方法。教学期间,为了让学生学习和掌握命题证明与猜想数学结论两种技巧,教学需要进行归纳提问。

(五)比较提问

比较提问指的是教师为了让学生思考研究某两个数学对象之间的联系或者类似的多个方面的相同点和不同点,教师做的特定提问。比较提问非常重要,因为能找出异同才能更好地鉴别,这种方式能激发学生积极的学习思维,让学生产生对数学对象的内涵与本质更深入的理解与认识。

(六)分析与综合提问

分析指的是将研究的数学对象的不同之处分成几个部分仔细研究,从而更好地认识研究的对象;综合指的是把之前分析的各个部分综合在一起,再开展新的研究。分析与综合提问通常用在综合型的问题中,先挨个分析几个被分解开的小问题,再把这些小问题结合起来,从而把问题解决掉。在运用这种提问方法时,教师不能过于着急,更不能自己先把答案说出来,而应该循循善诱,同时应该先提出一些小问题,然后提问应如何解决,让学生分析和综合解决问题的能力越来越强。

四、中学数学教学中课堂提问的实施

为有效地体现提问技能的功能，实质性地促进教学达到预定的教学目标，在教学中可按如下方法实施。

（一）对问题进行精心组织

教学前期，非常重要的一件事便是要耐心认真地安排和组织课上提问的问题。为了完成教学目标，教师应该以学生的认知水平与教学内容为前提和依据，把问题系列化，进一步提出由浅到深、由简单到复杂、前后有关联的问题，从而把一个连续的问题框架建立起来。这样的方法不仅能让学生对教师的问题做出恰当的回应，还能让学生持续地研究和讨论与设置问题相关的内容，从而提高学生的注意力，让学生时刻关注教学目标的深层关联、教师的问题以及问题之间的关联。

（二）将问题恰当融入教学

教师应该把问题恰当地融入教学，从而引导学生更好地在教师设置的问题中讨论和思考。

教师介入时要抓好时机。通常情况下，当学生学习中遇到问题或者针对问题难以回答时，教师需要用各种方法引导、暗示和鼓励学生。

教师介入时应该注意言辞。第一，教师在提出问题时，务必要指出问题的方向与前提条件。比如，在讲解一元二次方程如何求解时，教师可提问"大家已经学过了一元一次方程如何求解，那么一元二次方程的解又应该怎么求呢？"这种问题显然学生无法回答，教师讲解完后续的知识点后才能得出结论，但是这类问题可以引导学生的学习思路。第二，提问的言辞应该让学生能理解。教师在提问题时，必须让学生比较好地理解自己的言辞，这样才能更好地得到学生的反馈。如果问题的语言组织比较混乱，学生不明白教师提问的目的是什么，不理解教师的用意，教师的问题则达不到预期的效果，因此，问题的言辞需要简单明了。第三，问题的言辞务必科学、准确。为了不让学生误解自己的意思，教师在用通俗易懂的语言解释问题时，一定要合适准确。

（三）注意引导课堂中的问题

在学生初次回答教师的提问后，如果教师对他的回答不够满意，为了帮助学生找到最初的问题的答案，教师可进行引导，通常有以下方式：

第一，澄清。要求学生对自己在回答问题时比较混乱、没有清晰地表示出来的意见和想法进行概括，使答案意义更简明、确切，这时教师可提出帮助学生进一步澄清他的回答的提问，如教师说："你可以用一个简短的句子概括一下你的意思吗？"

第二，支持。要求学生对他的观点提供论据，教师常这样提问："为什么这样列方程？""你是如何得到这个结论的？""这几步解法的根据是什么？"等。

第三，纠错。要求学生注意初次回答中的错误，重新判断和组织一个答案。教师通常在指出学生回答中的合理部分和错误部分，并对学生回答中的错误部分提供了某些暗示后要求学生再次回答问题。例如，"再仔细观察一下图形，你能重新判定这两个函数之间的关系吗？""请你用准确的语言再来叙述一下这几个步骤的解法依据。"

第四，表述意见。在集体讨论中给学生个人提供机会来表达他是否同意其他人的观点。为防止学生过于简单地接受某些观点，教师可以提问："你同意这种说法吗？""有不同的解法吗？""你有什么新的见解？"这样的提问可引起学生对某些观点的注意，促使他们认真地去思考问题。

第五，关联。在学生初次回答问题后，教师要求学生再次回答，以确定他的回答与问题之间的关系，这样的再次提问使学生可以去确定答案的恰当性，或者对一个答案重新组织语言，使学生的回答相对问题的要求更为明显、恰当。例如，"这与我们的讨论是如何联系的？""请重新表述一下你的理由"等。

第六，举例。要求学生对他的含糊不清的表述或抽象概括的表述举出具体的例子来说明他的观点。这样的提问不仅可以纠正学生含糊不清的表述，使之清晰明白，而且给教师一个机会来检查学生对某一精确概念或定义的理解情况。

第七，复杂。在学生回答了一些较简单的提问后，教师可提出相关的较高层次的问题，这样可以使学生利用更多的已得到的知识去寻找其他的关系，可培养和促进学生思维的深刻性。

第四节　新课程背景下数学课堂有效性提升技能

当前初中数学课堂教学仍旧存在较为突出的问题，无疑会在很大程度上会制约课堂教学效率的提升，也难以保障学生的数学学习实效。"为此，新课程背景下，教师应该紧紧把握学生的数学认知特点，科学、全面地开展数学课堂教学工作，积极采用高效化的教学策略，最大限度提高教学实效。"[①]新课程背景下，为了提升及优化初中数学课堂教学实效，也为了尽可能提升学生的数学素养，教师要科学、全面地把握新课程标准的要求，积极有效提升初中数学课堂教学的有效性。教师应该采用高效、科学的课堂教学组织策略，最大限度地提升课堂教学的整体实效与质量。

---

① 张武. 新课程背景下提高初中数学课堂教学有效性的策略[J]. 学周刊，2022（7）：155.

一、创设高效的数学活动,提升学生数学能力

在初中数学课堂教学实践中,为了最大限度地保障课堂教学实效,也为了不断扎实和提升学生的数学学习能力,教师应该科学全面地创设数学活动,全面精细化地做好课前准备工作,进一步提升学生的主体地位。一方面,在初中数学课前准备活动中,教师应该深入、全面地把握课程内容,创设自主学习情境。如今信息技术持续发展,微课、慕课教学等已经广泛得到应用。教师可以创设高效化的微课情境,提前将课程内容及教学课件等提供给学生,引导学生积极自主地进行学习。学生能够依托微课,结合自身的数学认知自主进行学习,同时能提前明确自身遇到的障碍及问题,帮助教师科学、精细化地开展课堂教学,利于提升课堂教学的整体实效。另一方面,在初中数学课堂教学中,教师还应该着重培养及提升学生的数学能力。学生是数学学习的关键主体,教师应该引导学生就课前预习中出现的问题再次深入地进行互动及探讨,让他们尝试自主回答及解决问题。科学的课堂互动能够将数学课堂真正还给学生,利于学生自主进行学习。为了更好地提升学生的数学学习能力,教师还应该创设问题情境,引导学生积极进行思考及探索,从而有效激发学生课堂参与的积极性,更好地提升学生的数学学习实效。

二、创设多媒体教学情境,培育学生创新能力

现代社会对学生创新能力的要求非常高,作为未来社会的发展力量,学生在学习阶段就应该着力培养自身的创新创造能力,以便更好地适应未来社会的发展需求。伴随新课程改革的全面深入,为了更好地提升初中数学课堂教学的整体成效,也为了进一步提高学生的数学素养,教师应该科学、全面地创设多媒体情境,全方位激发及培育学生的创新能力。

一方面,学生在理解及认知初中数学部分重难点内容的过程中,或多或少会存在一定的思维障碍及认知不足。教师若采用灌输式教学模式,不仅难以提升数学教学实效,也不利于优化学生的数学认知。教师在初中数学课堂教学过程中可以巧妙创设多媒体情境,将数学内容通过形象直观的视频、动画、图片等方式集中进行呈现,这样更能提升学生的理解及认知能力,也更利于推动数学教学工作的深入开展。

另一方面,在初中数学教学过程中,教师还应该科学、全面地培育学生的创新能力。对于学生而言,他们只有具备较高的创新意识,才能自觉主动投身数学学习实践。为了更好地提升学生的创新素养,也为了全方位保障学生的创新能力,教师应该科学、巧妙地采用多元化的教学方式。例如,在初中数学教学过程中,教师可以采用"一题多解"的教学方式,引导学生从不同方向进行思考及探索,切实有效地提升学生的数学解题能力。当然,教师还可以将一些典型例题,尤其是中考试题等,通过科学的变式进行有效的教学指导,确保学生能够从不同侧面、不同方向进行思考及探究。另外,教师在初中数学教学中还可

以巧妙创设一些探究类的数学任务或情境，引导及鼓励学生积极利用所学数学知识开展深入探索。初中数学知识与学生的实践生活之间具有紧密的内在关联，为此教师可以在具体的教学过程中，科学、巧妙地创设数学情境，引导及鼓励学生深入实践，开展自主探究及全面探索，更好地提升学生的数学学习实效。

三、优化师生关系，提高学生合作沟通能力

在初中数学课堂教学实践中，为了有效提升课堂教学的整体实效，教师应该全面建构完善、和谐的师生关系。教师应该给予学生必要的教学指导及充分的关心、关怀等，科学、全面地创设合作沟通的情境，全方位提升学生的合作能力。

一方面，在初中数学课堂教学中，教师可以积极、主动地建立和谐、有序的师生关系，给予学生充分的关心及重视，引导学生积极向教师提问，科学、全面地培育学生的问题意识。对于学生而言，他们只有在数学学习中敢于参与课堂互动、敢于进行课堂提问，才能更有成效地参与其中。为此，教师必须采用同等视角看待每一个学生。不可否认，在数学学习过程中，不同学生的数学素养等存在显著的差异。为了更好地提高学生的学习质量，教师应该给予学生同等的重视。

另一方面，新课程背景下，教师还应该巧妙创设合作情境，科学、全面地培育学生的合作能力。合作能力也是数学素养的重要内容之一，为了进一步培养学生的合作能力，教师应该注重巧妙创设合作情境，引导学生在合作学习的过程中更好地把握及应用数学知识。除此之外，教师还可以指导学生以分组学习的方式开展数学学习，就数学知识展开深入全面的探究，最大限度地提高他们的数学学习质量。

综上所述，新课程背景下，为了行之有效地提升学生的数学素养，也为了更好地打造高效数学课堂，教师应该积极把握新课程标准的要求，科学、全面地开展数学教学工作。在课堂教学实践中，教师要着重培育学生的数学能力及素养，不断优化学生的创新创造能力，同时应该切实提升学生的合作学习能力。

第五章 新课程背景下中学数学教学模式

第一节 中学数学教学的翻转课堂模式

"伴随着新课改的实施和推广,教师在授课中更加注重培养学生的综合素养,让学生成为课堂教学的主体,主动参与到学习过程中,实现自身能力的成长。"[1]翻转课堂教学模式的优势就在于转变了传统的师生关系,让学生作为课堂教学的主体进行学习,在学习中实现自身的成长,其有效衔接了课堂内外,对于增强学生学习能动性、提升学生学习兴趣、促进学生自主学习、发展学生核心素养具有重要推动作用。翻转课堂教学对教师的教学能力提出了更高的要求,教师必须探索数学与信息技术的深层整合,并落实以学生为本,完善课堂互动,依托翻转课堂推进学生创新性学习。

一、中学数学教学中翻转课堂的理论认知

"翻转课堂"最早的探索者是孟加拉国裔美国人萨尔曼·可汗,他想通过制作教学视频,让更多学习有困难的孩子享受辅导资源。2006年11月,萨尔曼·可汗制作的第一个教学视频传到了YouTube网站,并很快引起了人们的关注。目前很多学校都在教学中使用翻转课堂。

2007年,两名化学教师乔纳森·伯尔曼和亚伦·萨姆斯在美国科罗拉多州落基山的一个山区学校开创性地应用了一种完全不同于传统课堂的教学模式。最开始,学校的教师发现由于学校位置距离学生的家庭住址较远,学生常因为天气、交通工具等迟到或者错过正常的教学活动,影响学习成绩。针对这一情况,乔纳森·伯尔曼和亚伦·萨姆斯尝试录制结合PowerPoint演示文稿的课程讲解视频,然后将其上传到视频网站上供学生观看学习。这种新型的教学模式在推行初期就收到了一定的成效,随后,该学校的教师开始把传统课堂的授课内容以视频的形式上传到视频网站,让学生可以在家学习,学校的课堂时间被教师用来辅导学生完成课后作业,以及帮助学生解决在实验中遇到的问题。由于视频被上传到公开的视频网站上,因此也在其他学校的学生中得到了广泛的传播。伴随着这种教学模式受到了越来越多的关注,两名化学教师作为开创者,也被邀请到其他地区开展推广活动,视频网站上有越来越多的教师开始录制和上传不同学科的课程讲解视频,学生可以合理、灵活地安排课外时间进行在线学习,在课堂上再进行答疑解惑、查漏补缺。由此,

---

[1] 赵伟军. 基于翻转课堂教学模式的初中数学教学探讨[J]. 数理天地(初中版),2022(15):60.

翻转课堂不仅改变了小城镇学校的教学模式，还影响到了来自不同国家、地区、学科的教师对自己当前授课模式的改变。

虽然翻转课堂的教学效果和可行性得到了教师和学生的认可，但是上传到视频网站的教学资源依然有限，不能全面覆盖不同年级、学科的需求，只在部分地区和学生群体之间得到传播。然而，萨尔曼·可汗在2011年建立的非营利性质的在线视频课程——"可汗学院"解决了这一困境。可汗学院在全球范围内流行，一方面是其得到了比尔·盖茨等投资人的支持；另一方面在于萨尔曼·可汗的教学视频不仅专业，而且独具个人魅力。此外，他还针对在线教学设计了一个能够及时捕捉到学生做题时容易被卡住的细节的课程联系系统，教师可以及时地为学生提供针对性的帮助，同时设置了奖励机制，对于学习效果好的学生授予勋章，人们后来把这种教学方式叫作翻转课堂的"可汗学院"模型。随着互联网与移动设备的不断发展，到2022年，翻转课堂已经应用到更多的学校中，成为教学创新的重要组成部分。

（一）翻转课堂的理论支撑

翻转课堂的核心理念是：先将新知识的基础打牢固，再锻炼加强知识的运用能力；课堂外进行知识教学，课堂内进行知识内化与运用。只有深刻认识和理解该教学模式的核心运行理念，才能在不同地区、年级、学科的课堂上充分发挥翻转课堂教学模式的功效。

1. 掌握学习理论

掌握学习理论，即在"所有学生都能学好"的思想指导下，在经过班级授课学习的基础上，教师给予学生有针对性的、及时的帮助，针对反馈信息调整教学计划和教学方法，从而使每一名学生都达到教师在授课前制订的教学目标。因此，掌握学习理论不仅是翻转课堂理论的重要组成部分，还对翻转课堂的实践教学过程和我国的教育发展有着重要的指导意义。首先，该理论要求教师树立每个学生都能成功的乐观教学理念，平等看待学生，一视同仁；其次，该理论还强调教师关注每名学生人格心理，推动学生主动学习，充分调动学生深度学习的积极性；最后，创新性地提出了教师应恰当、合理地运用奖励评价机制，充分发挥其促进功能。

2. 建构主义学习理论

建构主义学习理论的核心观点是：学习是人在已经获得的知识基础上，结合时代背景、所处的社会文化背景、个人成长经历，主动地对知识重新进行加工和组合，重新建构知识体系的过程。因此，建构主义学习理论在翻转课堂中的应用体现在：①教学活动是以学生为主体进行的，教师只是学生主动进行知识建构的帮助者和促进者；②教学活动不仅局限于书本知识，还需要尝试在实际情境中运用知识，解决实际问题；③强调协作学习的重要性。由于学习过程是个人主动以自己的方式形成对不同事物的认识和见解，从而每个人对同一个事物的认知是不同的，因此互相交流各自的观点，能够使最终建构的知识丰富、全面，且印象深刻。

3. 自组织学习理论

翻转课堂得以推行的核心在于学生通过电脑网络技术的支持，主动地进行自我学习和互助学习活动。建立起引发学生好奇心的学习环境，能够有效提升学生参与学习活动的动机程度，而与同伴形成学习互助小组也会进一步激发学生不断探索学习的动力，从而形成一个自组织学习的良性循环机制。伴随着信息技术、媒体技术的进步，以及不同学科的教育资源依托互联网逐步开放，作为主张"自组织学习"的翻转课堂教学模式必然将会对我国的教育变革产生深远的意义。

（二）翻转课堂的具体内容

目前很多学校的主要教学模式依然是由教师主导，在课堂上对知识进行讲解，学生被动学习，其学习的积极性和互动性普遍不高，而翻转课堂则是将传统课堂里的教师和学生的角色互换，学生先在上课前通过教师录制好的课程讲解视频自学，随后课堂转变为教师组织学生交流学习进度和成果，有针对性地对学生各自的问题和困难提供有效的解决方案，引导学生自发地对知识进行思考和实践运用，学生从被动学习转变为主动学习。同时，一方面，这一模式为评估教师的教学成果增加了新的评价指标，即课程讲解视频的关注度、播放量，以及学生进行评论、转发的数据；另一方面，翻转课堂让学生的学习效果评估不再由简单的阶段性考试成绩所决定，学生的自主学习能力、创新能力、表达能力、领导能力等是否在学习过程中得到了提升也被纳入了评价指标。因此，可以从以下方面来理解翻转课堂的具体内容：

第一，翻转教师角色：教师由"知识传授者、课堂管理者"翻转为"学习的指导者、促进者"。

第二，翻转学生角色：学生由"被动接受者"翻转为"主动研究者"。

第三，翻转教学形式：教学形式由"课堂讲解＋课后作业"翻转为"课前学习＋课堂研究"。

第四，翻转教学内容：教学内容由"传授知识"翻转为"问题探究"。

第五，翻转技术应用：教学中应用的技术由"展示内容"的工具翻转为"自主学习、交流反思、协作讨论"的工具。

第六，翻转教学评价：教学评价由"传统纸质测试"评价方式翻转为"多角度、多方式"评价方式。

当前，传统的课堂教学模式和现存的教育方式已经呈现出其在培养适合推动现代发展人才方面存在的不足，而翻转课堂能够在短时间内就受到多个国家、地区教师和学生群体的认可，就可以看出这一课堂模式是时代发展的要求，也是教育行业转型升级的体现。翻转课堂能够有效地激发学生的学习动力和兴趣，加深学生对学科知识的理解，学生的综合素质、创新能力、思考能力和自学能力等都得到了不同程度的提升。随着我国基础教育的全面普及，以及教育理念随着时代发展的不断创新，翻转课堂在帮助学生全面发展方面的价值和实践意义逐渐凸显，未来的发展空间巨大。

二、中学数学教学中翻转课堂的活动设计

近年来，中国的教育一直处于改革阶段，翻转课堂是教育改革的实践产物。数学在加入翻转课堂之后，教学模式也产生了变化。在数学学习之前，学生需要根据导学案开展自主学习，然后教师和学生积极讨论本节数学课的相关内容；上课环节也发生了变化，上课更加注重师生之间的交流、展示、讨论与探究，数学教学模式的变化使课堂中出现了很多微课视频、音频、图片以及其他的网络链接。

翻转课堂的教学模式要求学生利用导学案展开自主学习，然后再进行小组内部讨论，学生可以在讨论中解决疑问，如果讨论之后还存在困惑，学生可以在课堂上向教师询问，也可以和同学展开深入的交流，分析问题、解决问题。建构主义思想指出，学生和环境之间存在的相互作用。能够为学生学习提供源源不断的动力，而且作用力还能够让学生在认知方面和情感方面的态度发生转变。对于学生而言，自身和环境之间的相互作用就是学习活动，在翻转课堂教学模式中，微课具有非常重要的作用。但是，微课的使用需要辅助课上的探究活动，只有这样，才能发挥出翻转课堂教学模式的最大作用。

开展学习活动是为了达到预期的学习目标，在学习活动中，学生会和学习环境产生交互作用。学习环境包含很多内容，如学习资源、学习工具、学习策略以及其他支持学习行为的服务。学习目标的实现需要依赖学习活动的内容、学习活动的设计以及学习活动的具体操作步骤。传统课堂中，学习活动的开展主要包括学习目标任务、学习交互形式、学习角色、学习职责、学习规划、学习成果、评价规则以及监管规则等。翻转课堂加入学习活动之后也要涉及学习要素，如学习资源、学习环境、学习主体与评价规则等，这些要素会直接影响翻转课堂学习活动的开展，也会影响到学习活动能够获得的学习效果。

（一）翻转课堂中数学教学活动设计的要求

第一，正视不同学生之间的差异。翻转课堂学习活动需要有针对性地为学生提供服务，针对性服务的提供需要教师提前掌握学生的个人情况，并且做出针对性的指导，在数学课程中要对个别学生进行专门辅导，为学生提供个性化学习服务；在课程结束之后，也要及时更新学生的能力发展状况，为学生知识的学习提供相应的巩固和强化措施。

第二，让活动设计得具体细致。教师需要在学习活动之前、活动中、活动之后的各个阶段为学生设立明确的目标，做出详细的活动安排，让学生按照活动安排展开活动，通过发挥自己的主体性来完成活动目标。

第三，为学生学习提供有效的支持服务。教师要保证学生学习环境的合理、科学建设，要探究不同的学习方式，培养学生的自主性合作能力、探究能力、自我管理能力，为学生知识的建构提供服务支持。

第四，要在活动中始终进行监督和管理。教学活动开始之前、过程当中、过程结束之后，教师都要进行有效的监管，检验学生的学习效果、学习任务的完成情况，评价学生的协作能力、交流能力、学习成果、参与意识等，还要督促学生进行自我反思与评价。

（二）翻转课堂中数学教学活动设计的要素

1. 学习主体

在翻转课堂数学学习活动中，学生是执行者，学生在活动中扮演的角色、展开活动的方式、活动中的互动等都会影响到翻转课堂的学习效果，在设计翻转课堂学习活动的过程时，必须尊重学生之间的差异性，注重学生个性的发展，为学生的发展创造合适的情境，保证学生能够有完整的认知结构，能够建构自我知识系统。在上课之前教师要了解学生的兴趣、学习能力、学习活动的经验以及对学习的需求，在此基础上设计学习内容，选择符合学生要求的学习视频，设置学生需要的学习任务，布置适合学生能力的学习作业；在课堂中，教师要兼顾不同学生的认知差异，也要在课堂中设置讨论、合作研究的环节，充分尊重学生的学习主体性，让学生作为学习的中心；在课下，教师要对学生的学习过程做出总结和反思，对学生进行多方面、多角度的评价，让学生认识到自己的不足，使学生实现持续发展。教师在教学过程中使用的方法和手段需要为学生的个性化发展服务。

2. 学习资源

学生学习活动的实现需要学习资源作为支持，数学学习资源包括各种各样的资源，如文本资源、音频资源、视频资源、动画和图表资源等。翻转课堂学习活动为学生学习提供了多种多样的资源，而且资源是开放的，教师可以根据教学内容选择合适的学习资源，也可以对学习资源进行二次加工和设计，让资源更加符合教学需要。例如，教师在处理陈述性的知识时可以设置热区导航，在其中加入具有说明性的内容，如文本知识、图表知识；教师处理程序性的知识时，可以分层次地将知识陈列出来，帮助学生建立清晰的概念认知，帮助学生构建完善的知识结构，如认知策略的学习、动作技能的学习等；教师在处理学习资源的过程中，需要注意体现学生的个性自由，让学生的思维在活动中得到发散，让学生有自主的思考、深刻的认知。特别是微视频，学生会依靠微视频进行大量的自主学习，所以微视频的设计一定要注重学习自主性的体现。要让微视频发挥出互动功能，帮助学生了解新知识，建构新知识。在微视频中应该体现出本视频要学习的内容和要解决的学习问题，帮助学生了解和明确视频学习的具体目标。

3. 教学方式

堂和传统的课堂有所不同，翻转课中，教师的角色、学生的角色都发生了转变，使面对面学习和网络学习产生了紧密的连接。除此之外，它还实现了知识和技能、应用和迁移的结合。在翻转课堂中，数学教师既是学习资源的开发者、设计者，也是学习目标的制订者、学习活动的组织者；教师要陪伴学生学习，要管理、设计、考评学生的活动，学生要积极发挥自己的学习主动性，建构自己的知识体系。

4. 学习环境

数学的学习环境主要指支持学习过程、促进学生发展的各要素的有机组合，对学生学习过程中的认知、情感和行为以及学习活动效果有着重要的影响。翻转课堂学习环境具有的特点是：①融合新的学习策略，即讨论交流、合作研究、主动的学习、探究协作的学习等；②能够把传统的教学方式与翻转课堂模式结合起来，满足学生的个性化学习需求，实现课堂学习的真正高效化；③促进学生发展的所有支持性力量的有机组合，包括学习资源的呈现、学习活动策略、评价反馈等。

翻转课堂的数学学习环境有四个：一是家庭学习环境。家庭学习环境是学生自主学习的保障，家庭需要为学生的学习提供物质条件，如安静的学习氛围，能够指导学生学习、督促学生学习的家庭成员等，家庭学习要求学生自我约束力较强，需要家长和学校配合，形成教育合力。二是课堂教学环境。课堂教学的中心是学生学习内容，主要是思维练习，注重培养学生的选择能力、决策能力，让学生能够全面发展，课堂环境能够为学生提供真实的学习情境，课堂教学环境传递信息的渠道也非常多、非常丰富。三是网络学习平台。网络学习平台提供的课程活动蕴含建构主义教学理念，能够帮助教师更好地设计教学活动。四是学习支持服务。该服务的目的是全方位地为学生学习提供支持，帮助学生解决学习困难，具体而言，主要涉及动机激励、任务指导等内容。

翻转课堂学习活动对学生的自我管理能力提出了较高的要求，对教师的工作能力也提出了较高要求，教师要为学生创造出良好的环境，为学生提供他们需要的信息和资源，促进学生的个性化学习以及合作学习。为了让学生保持学习积极性，可以设置积分奖励，通过量化的数据来反映学生的学习成果，还可以使用量化的形式评价学生的学习过程。除此之外，也可以设置精神方面的奖励，如颁发荣誉奖章、评选光荣称号等，如果有特别出色的学生，可以同时奖励积分和荣誉称号，这些奖励形式能够激发学生的学习主动性，让学生更愿意参与学习活动。任务指导能够帮助学生形成清晰的学习步骤，让学生明确学习目标。

例如，在网络学习平台上，平台可以按照学生的学习足迹给学生推送相关学习资源，这有利于学生更好地开展自主学习。除此之外，也可以为学生的练习设置答案反馈，为学生展示详细的解题过程，让学生理清自己的思路，教师还可以利用知识地图直观地展示知识层次、学习路径，可以有效地指导学生的学习，帮助学生建立整体的、结构化的知识系统，避免知识的过度分化和孤立。

设计学习环境主要是为了更好地帮助学生建构知识，让学生的学习更有意义，翻转课堂学习活动的环境应该是有利于交流沟通的、有利于激发学生学习积极性的、能够为知识学习提供足量信息的、让学生全面发展的环境。

5. 评价规则

翻转课堂学习活动必须注重学习过程。活动是动态的、整体的、复杂的，并不是线性的，活动过程需要教师的监督和掌控，并且对某些环节要做出适当的引导，还要对学习过程做出有效的评价和反馈，确保学生的发展符合预期目标的设定轨迹。举例而言，如果学习过程中出现了意外因素，那么教师必须认真对待和处理，保证学生的学习能回归稳定状态。除此之外，教师还可以通过学生和环境之间的交互建立反馈机制，保证学生的知识建构始终处于稳定状态。教学评价方式需要做出改变与创新，教学评价方式应该既适合于翻转课堂学习活动，又能够促进学习过程的推进和学习效果的提升。教师要充分发挥评价对学生的反思作用和学习督促作用。

对学生的活动过程的评价、自主管理能力的评价、合作组织能力的评价、语言表达能力的评价应该从问题出发，关注过程，力求形成真实有效的评价，发挥评价的作用，评价需要从多种角度展开，整体地评价学生的学习过程、学习态度、学习结果。举例来说，在课程开始之前，教师应该自主评价并总结学生在网络学习平台上的视频观看记录，查看学生的学习进度以及学习安排，清楚地了解学生的准备状况；在课程中教师要关注学生知识的构建情况，要指导和督促学生的学习行为，督促学生参与讨论、参与合作，解决课前存在的疑难问题；在课程结束之后，教师应该为学生布置学习任务，并且要求学生在规定的时间内递交反思报告、评价报告。

（三）翻转课堂中数学教学活动设计的过程

受中国传统课堂教学思想的影响，我们更习惯从"教"出发设计和组织"学"的过程，"教"的思路是明晰的、连贯的，教师心中是有数的，而"学"的活动往往附属于"教"。其实，翻转课堂的学习活动应具有相对独立性，不是教师教学活动的衍生与附属，而是学生相对独立的主体活动过程，应具有连续性：课堂上的学习活动的确是在教师的教学组织引导下开展的，与教师的教学活动交织在一起，但它不应是一个个孤立的、零散的活动片段，而应是彼此关联、连续性、系列化的活动过程。翻转课堂的学习活动还应具有内在性的特点，其本质上是以学生认知活动为核心的一系列内在的心理活动过程。

1. 课前阶段的活动设计

教师根据学科特点、学生特征、教学理念录制微视频，组织上传相关学习资源。学生在数学课前需要观看教学视频，并在课前评价表上记录疑惑的概念和问题。为确保学生课前的深度学习，除检查学生的课前自测题以及要求学生记录疑难困惑的问题外，教师还可以借助课前评价表或者网络学习平台及时了解学生的学习情况，合理组织教学内容，选择教学策略，使课堂更高效充实。

2. 课中阶段的活动设计

教师要先解答学生有关数学的疑问，然后突出重点概念，强调有深度、挑战性的内容。学生可以进行课堂讨论，对课前的学习内容回顾强化，通过作业练习检验学习效果。或者根据教师在网络学习平台布置的任务，参与小组协作、互动交流等学习活动，有助于培养学生的探究创新能力和团队协作能力。

3. 课后阶段的活动设计

教师要设计综合测验，并且引导学生对数学课课前和课中阶段的学习内容进行反思总结。学生参与测验后，对知识内容和完整的学习过程进行回顾思考、总结分析，提交学习反思，逐渐完善知识内化和自我提高。教师在学习各阶段中要给予学生足够的学习支持，维持学生积极的学习兴趣，同时要加强对学习阶段的监督管理与有效实时反馈评价。通过适时调整教学策略，设计有效的课堂参与活动，使学生获得深度理解和高投入型的学习效果，最终促进学生的知识建构和能力提升。

（四）翻转课堂中数学教学活动设计的模式

学生的学习本质上是学生的认知心理活动过程，是有一定的心理学规律的，只有按照规律设计学的活动，才能实现学的过程，达到学的结果。因此，活动设计应避免简单的知识复述和空泛的语言讨论，应该注重直观感受，让学生亲手操作、亲身体验、形象感知，经历知识的发现、概念的形成、规则的应用等学习过程。因此，教师在教学设计中应当充分考虑学生的认知过程及需要，设计相对完整、连续的学习活动。

第一，操作感知学习活动。让学生借助动手操作活动感知事物、形成概念、学习规则。由此引发的感知、思维活动过程是语言表述所无法取代的。

第二，事例感知学习活动。在教学中，为了让学生理解较为抽象的概念和规则，可以设计活动让学生感知具体的事例，需要学习的概念和规则就蕴含在事例中，学生通过对多个事例的归纳掌握概念、理解规则。

第三，体验感悟学习活动。在教学中通过活动让学生自己去体验、去感受，并把自己已有的经验和当前学习活动结合起来，从而产生对知识更深刻的理解、对技能更切实的掌握。

第四，能力训练学习活动。在教学中，学生的朗读、识记、计算等能力发展任务还是要通过扎扎实实的训练活动来实现的。能力训练活动设计要求教师依据学生的年龄、认知特点创设生动有趣的课堂情境，吸引学生积极参与训练活动，让学生在积极、愉快的情感体验中完成学习目标。

学习活动还有许多，根据不同学科、不同课型、不同年段的教学目标、重难点的异同，教师还可以根据自己所选择的授课内容及数学教学经验，恰当设计其他学习活动。但在设计学习活动的过程中，也要注意到学习活动的设计关键在于活动能引起学生对学习材料的深入加工。例如，朗读、背诵、读出公式规则和定理，属于学习材料的原样呈现，应该是较低水平的加工，而解释、举例、运用公式解题、运用规则动手操作则是较高水平的深入加工。研究表明，那些经过比较精细复杂的或较深层次的分析加工的材料，才容易得到储存，学习效果也更为理想。

（五）翻转课堂中数学教学活动设计的展望

在"微课"的辅助下，翻转课堂的数学课上学习活动设计也是人们追求课程学习活动设计臻于至善的必然产物。为此，我们以对翻转课堂课上学习活动的重新审视为基础，以活动理论为考虑工具，认为理想翻转课堂模式下的核心学习活动应是交互过程中对社会历史文化经验的掌握，是对人们与环境交互过程的完全关注，而不是只关注"为了完成特定学习目标而进行的操作总和"。换言之，学习活动设计应以促进学习者发展为主要目的，以"活动"为表现形式，"活动"成为研究人类实践的基本单位，学习者通过活动参与，借助工具中介，改进"原态"（参与活动前学习者的知识、技能和态度状态），生成"新态"（参与活动后学习者的知识、技能和态度状态）。翻转课堂下的课上升级学习活动作为学习活动的子集，也应以"活动"为表现形式。因此，理想状态的翻转课堂的学习活动应当具备以下特征：

第一，活动必须凸显主体地位。要注重多元声音活动，最重要的是人的参与，人才是活动的主体，所以必须明确翻转课堂学习活动的主体是学生，必须给予学生主体地位，让学生发挥出学习主体性。学生掌握学习主体性之后，会在学习中表达积极的学习态度，能够和他人展开频繁的交流，学生掌握了翻转课堂学习活动的话语权，就能发出更多属于自己的声音，能够进行更多自己主观层面的互动。换言之，翻转课堂学习活动的声音已经从以往的教师独白转变成师生的共同对话。

第二，活动中介要多元化发展。翻转课堂学习活动的开展需要依赖工具中介，只有通过工具中介学生才能和环境产生交互。工具中介为学生提供了感知世界、理解世界、解构世界的渠道。工具中介能够让学生直观地感受到工具中介的可视化形式，所以如果学生想要了解世界本身的状态，就需要利用更多形式的工具中介，对世界进行多角度的感知、理解和解构。换言之，工具中介不能过于单一，要向着多元化的方向发展，具体在翻转课堂学习活动中就表现为要建设多元化的工具中介，促进学生对世界的更好感知、更好理解。从这个角度来讲，微课的存在有不可忽视的作用。在翻转课堂学习活动中必须避免活动途径的单一，可以在活动中使用口头语言、书面语言或者技术等各种各样的中介工具，让学生借助工具更好地理解世界的本质状态。

第三，翻转课堂学习活动应该有明确的任务，应该将任务作为发展导向。活动任务是学生活动的核心。换言之，要将建构性知识、解决实际问题作为活动核心，让学生把学习当作一项任务不断地去探究，解决一个又一个任务，学生的探究精神能够让学生更加积极、更加热情地参与活动，能够有效地激发学生的活动主体性，也有利于多元中介发挥作用，让学生通过中介工具了解世界的更多可能。与此同时，设置活动任务能够让学生明确清楚地知道活动的目标，能够让学生的行为有目的性，能够让行为朝着任务完成的方向发展，学生探究的行为就是任务活动完成的一部分。

第四，翻转课堂学习活动是动态的，并不是线性的，也不是预定性的。固定的学习活动指的是教师为了完成某些学习目标而为学生设计的固定操作，固定的学习活动有非常强烈的独立性，它将活动和行为进行了微化分解，完全忽视了学习过程的动态特征和复杂特征，所以，固定的学习活动很难实现学生的全面整体发展，学习活动不应该是固定的，应该处于动态之中，在进行活动设计时可以明确活动任务，但是要注重活动过程的动态特征、非线性特征、非预设特征的体现，而且要注重学习者之间的交流和沟通，注重学生在动态复杂环境下产生的非线性的、非预定性的活动和行为，注重活动过程的动态性能够让知识更好更快地传递，也能够有效应对活动中出现的不同观点，有利于创新。

第五，活动个体与共同体之间要和谐发展，学习并不是学习者一个人的知识构建，还涉及和其他人的交流互动，所以学习活动过程不仅要关注学习者的个人学习状态、个人知识情况，还要注意学习者在知识建构过程中可能出现的不同观点，让学习者和其他活动共同体进行交流和沟通，交流和沟通能够提高课程的活力，也能够让学习者借鉴别人的优点，不断地完善自我、反思自我。

三、中学数学教学中翻转课堂的评价改进

教学评价就是根据教学目标对教学过程以及结果进行价值判断，并为教学决策服务的活动，它是对教学活动现实或潜在价值做出判断的过程。教学评价不仅包括对学生学习情况的评价，也包括对教师教学质量的评价。数学教学评价的主要目的是全面了解学生的数

学学习历程，激励学生的学习和改进教师的教学。为此，应该建立评价目标多元、评价方法多样的评价体系。

数学的教学评价应遵循四个基本原则：第一，先进性原则，就是要遵循科学、高效的评价原则，摒弃传统评价中低效评价的内容。第二，独立性原则，是指各教学评价指标间是相互独立的，且互相不重复，每项评价指标都是积极的。第三，可操作性原则。每一项评价指标都是可以量化的，是具体的、可操作的、切实可行的，而不是抽象的评价。第四，情感性原则。由于评价对象是学生和教师，而学生是成长中的学生，他们的心理还没有完全成熟，强硬的、机械性的评价尤其容易挫伤学生学习的主动性和积极性；同时，教师也是不断成长中的教师，他们是与学生一起成长的，强硬、机械性的评价也不利于教师的成长，因此，需要基于一定情感性的角度去评价教学成果，这样才能保护好学生和教师的自尊心与自信心。

（一）翻转课堂对学生评价的改进

利用校园数字化教学平台开展数学翻转课堂教学可以弥补许多非数字化平台翻转课堂教学环节中出现的不足。例如，校园数字化教学平台中的"师生答疑""教师公告""在线即时检测""自主学习问题反馈""在线作业""电子化资源链接""动态课件""微课、微视频""模拟实验"等栏目，就有效补充了非数字化平台翻转课堂教学环节中的很多不足。数字化环境下，数学翻转课堂对学生进行教学评价的优势体现在以下方面。

1. 知识技能评价更加及时、准确和高效

教师可以在校园数字平台的"在线即时检测"栏目中提前设置检测题。当学生完成题目后，系统能够进行自动检测，并且对学生的完成情况进行统计。对于选择、判断一类的题目，系统可以统计正确率、错答选项占有率等；对于填空题，教师也可以通过平台关注每个学生的答题情况；对于解答题，教师可以调阅所有学生的答案，并对其中典型的解答做出评判，以方便教学。校园数字平台充分体现出了大数据技术的统计优势，为教师节省了大量统计、整理、记录学生测验结果的时间，提升了课堂练习反馈的时效性。学生通过校园数字平台完成课后作业，便于教师随时随地进行批阅。同时，大数据技术所进行的科学统计还能够为教师反思已完成教学和准备下一阶段教学提供重要的数据参考。此外，"在线即时检测""阶段性练习""课后作业"等栏目都可以分类整理学生出现的错题。

2. 学习状态评价更加客观和公正

以往，想要了解学生学习数学的状态，主要的依据为：学生上数学课的专心程度、对课程的喜爱程度、课后的时间分配和与同学交流数学的主动度。但是这些观察指标都相对主观，没有办法进行科学定量的分析与统计，缺乏客观性和严谨性。而有了信息技术的支

持，在数字化的环境中，校园数字平台能够准确统计出学生观看微课、微视频、其他资源、模拟实验等栏目的次数以及在师生答疑栏目中的互动次数，其"自主学习问题反馈"栏目还可以体现出学生在自主学习方面的状况，由此可见，通过校园平台了解到的学生学习状况更加客观公正。

3. 学习心理评价更加规范、系统和及时

学生对数学的态度和遇到问题后的反应都能够体现出学生在学习数学时的心理状态。以往学生的学习状态需要由教师与学生及学生家长面对面进行交流或采用问卷形式而得出，这样做的弊端在于教师无法及时了解学生阶段性的心理异常状况，也就更谈不上快速应对，最终导致错过了最佳的解决问题的时机，对学生十分不利。数字化教学平台的优势在于，在平台上，教师可以通过"在线即时检测""课后作业""定期学科心理测试系统"等栏目关注学生在知识方面的掌握情况以及近期的心理状态，这类系统一经加入，必将对学生的心理状态做出更加准确、科学的判断。

（二）翻转课堂对教师评价的改进

初中阶段的数学翻转课堂对教师进行教学评价的优势体现在以下方面：

第一，提升了教师的语言表达能力和准确性。微课和微视频需要准确精简的语言，教师反复录制这类课程，能够改掉口头禅多、表达不准确等问题，在提升语言功底的同时也增强了板书的技巧。

第二，改变了教师的评价习惯。在以往的评价中，教师往往喜欢关注学生错了几道题、丢了多少分，习惯性地给学生做"减法"。而在校园数字化教学平台的教师评价栏目中，因为使用文字语言，教师会在书面语言上努力，更多使用表扬性和鼓励性的词汇，使语言尽可能地有温度，达到积极正面评价学生的目的。

第三，纠正了部分教师的教学观念。以往，很多数学教师都更加注重教会学生如何解题和考试，却忽视了学生在学习过程中知识的形成过程。微课和微视频主要是讲解数学知识，教师在制作微课的过程中，可以意识到学生习得新知识和知识形成的过程是十分重要的，从而转变教学观念。

数学翻转课堂改变了教学评价体系，提高了课堂教学效率。教师能够及时发现学生在各个学习环节中存在的问题，并迅速做出有效应对，还可以做到有针对性地强化学生普遍存在的薄弱环节。因此，学校和教师应深刻认识到数字化教育的重要性，充分利用其带来的极大便利与优势，对学生的学习情况做出客观、多元的评价，从而有效提高学生的综合素养。

四、中学数学中翻转课堂对学生深度学习的推动

传统的教学方式以教师为中心，教师通过讲授将知识灌输给学生，这种方式受到时间和空间的限制，学生不但始终处于被动接受的状态，而且一旦课程结束就没办法重复教学内容。当今的网络数字化学习方式虽然打破了时空的限制，但又存在缺少互动和监督的问题，容易使学生停留在浅层学习层面。因此，在网络化发展极为迅速的大背景下，如何利用好网络帮助学生进行深度学习，使学生深入理解和掌握复杂概念的含义，构建完整的个人知识体系，是目前数学教学需要探索的问题。

深度学习较浅层学习具有四个优势：①学习目标。深度学习能够使学生更加透彻、全面、灵活地理解学科知识，并可以将所学知识应用于实践，促使学生形成高阶认知能力，尤其是批判性思维能力，从而能够做到终身主动学习。②学习态度。深度学习是主动性学习的过程。③学习方式。深度学习以已有的知识结构为基础进行新旧知识点的架构，运用高阶思维能力整合、加工复杂的信息和知识点，加强对旧有知识的巩固，促进对新知识的深入理解。④学习策略。深度学习要求学运用多样化的学习策略，如交流互动、团队合作等，同伴之间的交流互助是深度学习的关键，通过交流以及相互之间的合作竞争关系，学生能够激发出原动力，提升解决问题的能力，还可以在思想的碰撞中形成批判性思维。

以信息技术为支持的深度学习，指的是学生在教师的指导下，积极主动地参与到各种学习主题中，并通过多种学习策略应对挑战，从而形成有意义的高阶思维能力的学习过程。在深度学习的过程中，学生以主动热情的态度投入学习，充分学习吸收学科知识，掌握学科的本质思想与方法，使良好的学习动机和正确的学习观深深扎根于学生内心，帮助学生既能够独立自主进行质疑、判断与创新，又能够与人合作、交流和探讨，成为具有自主精神与批判精神的优秀学习者。总而言之，深度学习是一种主动的、建构式的学习，学生可以充分利用多种学习策略对学习资料进行深度加工，最终形成批判性的高阶思维，做到能够将知识应用到实际问题的解决中。

基于翻转课堂的深度学习模型具体如下：

第一，教学准备工作。教学准备是深度学习的基础和必要前提，它主要包括两个部分，即学情分析和教学内容设计。学情分析又包括对学生的专业背景、学习需求、计算机能力等方面的调查。在进行完学情分析后，结合分析结果与教学大纲进行教学内容的设计，所设计的内容必须符合数学学科的基本特点，其中最重要的是问题和训练项目的设计，主要是基于问题启发来完成整个学习过程的。

第二，知识体系构建。深度学习是具有主动构建性的学习过程。知识构建可以分为初级知识构建和深度知识构建，初级知识构建发生在课前的自主学习阶段，学生在信息技术的支持下，通过观看教学视频或学习资料进行前期自主性学习。在这一阶段，为了让学生

能够更好地完成知识的初步构建，应在视频或课前导学中插入适当的测试或问题，引导学生带着问题看视频，在此过程中解决问题并且产生新的问题。深度知识构建发生在课堂中，学生通过解决逐层深化的问题更加深入地理解新的知识，从而完成深度知识构建。

第三，知识迁移应用和创造。迁移应用和创造需要从解决复杂问题和项目出发，通过课堂研讨来完成。随着学生之间、师生之间的不断交流与碰撞，学生在逐步解决问题中对知识的理解也更加深入，有利于实现知识的迁移应用和创造。教师应鼓励学生勇于表达自己的观点和想法，并学会通过科学的证据来推理、论证自己的观点。要引导学生打破固有的思维，摆脱以往解决问题的模式，培养学生的创新思维、批判思维与合作精神。

第四，过程评价与批判。反思是整个学习过程中的重要环节，主要手段就是评价和批判。学生和教师可以通过评价和批判对学生的学习过程与结果进行反思，这样做一方面可以培养学生的批判性思维，提升学生的思考能力；另一方面能够帮助教师评估和改进教学设计，从而更好地指导学生。评价可以分为面对面和线上两种方式，还可以分为自我评价和他人评价两部分。教师应建立评价考核机制，以此来鼓励学生进行自我剖析与评价，同时应引导学生评价他人作品，学会对他人的观点进行真实的评价，大胆质疑，科学论证。教师还应努力营造良好的评价氛围，鼓励学生之间、学生对教师进行科学合理的评价与反馈。

换一个角度来，看基于翻转课堂的深度学习模式其实是一种混合式学习法，这种模式以学生为主体，结合信息化教学与传统教学、实体空间学习和虚拟空间学习，为学生从浅层学习向深度学习的转换提供重要的环境和有利的条件，从而培养学生的批判性思维能力，提升学生解决问题的能力，发展学生的创新能力，进而全面提高数学学科的教学质量。

第二节 中学数学教学的深度教学模式

一、中学数学教学中深度教学模式的认知

"近年来，新课改倡导深度教学[1]，初中数学教学要关注学科核心素养，设计数学问题来增加课堂教学探究性、降低理解和学习知识的难度，把学生思维引向更深的层次。"[2]深度教学不仅注重学科的科学价值，更注重学科的育人价值。数学的深度教学能够发展学生的高阶思维，进而提升学生的数学学习力，发展学生的数学学科素养。

---

[1] 深度教学是一种触及知识本质、结构，能引发学生深度思考、质疑、创新的教学方式。
[2] 陈炤. 基于深度教学理念的初中数学课堂教学实践[J]. 数学学习与研究，2022（18）：27.

（一）深度教学的结构

作为一种教学形态，深度教学与教学本身的存在状态密切相关。教学的不同存在状态在很大程度上规定了深度教学的内涵和方式。事物都是在一定的关系中存在的，关系的状态规定着事物的存在状态。从分析的角度，教学的存在状态可以用其中所涉及的关系状态来加以描述。任何学科教学在学生和教师互动的背景和框架下，都具有以下关系状态：

第一，学生与学科的关系状态。学生与学科的关系状态涉及的问题实质是"学科学习何以可能"。作为学生学习的主要载体和对象，学科教学内容与学生心灵世界之间的关系状态，用心理学术语说就是学科逻辑顺序与学生心理顺序之间的关系状态，影响着学科教学的存在状态与深度状况。在这里，学生与学科的关系状态又取决于学科教学内容与学生心灵世界的交融状况。当学科教学内容没能进入学生的心灵深处，与学生的兴趣、情感和思维发生实质性的联系，连学习都很难真正发生，当然就无法达到深度教学了。

第二，学科与学习的关系状态。学科与学习的关系状态涉及的问题实质是"学习学科的什么"。笼统而言，学科是学生学习的对象。但是，学生究竟应该学习学科的哪些，对于这个问题的回答与实践，便构成了学科与学习的关系状态。因此，学科与学习的关系状态取决于教师的学科理解方式及其水准，进而影响着教学本身的存在状态与深度状况。在这里，教学的深度状况标志着教师的学科理解水平和学生的学科学习水平。

第三，学生与学习的关系状态。学生与学习的关系状态涉及的问题实质是"持续学习何以可能"。任何教学关心的最基本问题都是"学生学习的发生与维持"。综上所述，学习是一个持续的过程，学习是一个建构的过程。只有引导学生持续地建构，才接近了学习的本质。反之，这种"学习"既不能让学生产生持续的变化，也难以对学生形成持久而深远的影响，而真正的学习就没有发生。在这里，学生持续建构的过程、方式与状况决定着学生与学习的关系状态，进而又在很大程度上决定着教学的存在状态与深度状况。

需要指出的是，学生与学科、学科与学习以及学生与学习三种关系及其所有因素在师生互动的背景与框架下共同构成了学科课堂中的学习共同体。正是这个学习共同体，合力影响着学科教学的存在状态和深度状况，并决定着学生学习与发展的最终状况。换言之，深度教学就是教师引导学生持续把握学科本质，促进学生意义理解和可持续发展的教学。因此，可以将深度教学描述为一个由心灵深处与学科本质的交互融合关系、心灵深处与持续建构的相互支持关系和持续建构与学科本质的相互依存关系有机结合而成，共同促进学生意义建构的活动结构。深入分析这个活动结构，可以帮助我们逐步揭示深度教学的基本性质、支持条件和实现机制。

1. 心灵深处与学科本质的交互融合

心灵深处与学科本质的交互融合反映的是深度教学在学生与学科方面的关系状态。这种关系状态受制于三方面的因素：①教师能否把握住学科教材的本质，这反映了教师的学科教材理解方式及其水准，并在很大程度上是制约学科教学深度的重要源头；②教师能否把握住学生心灵的深处，反映了教师对学生兴趣、情感和思维的把握状况，并决定着学生在课堂教学中是深度参与还是浅层参与；③教师能否把握住学科教材本质和学生心灵深处的联结处，规定了学生心灵深处与学科教材本质之间是交互融合还是相互分离。

显然，如果教师无力把握住学科教材的本质，不能把握住学生深层的兴趣、情感和思维，教学就只能在表层、粗浅的水平上进行，因为它失去了深度教学的基础和前提。而在学生心灵深处与学科教材本质的关系方面，即使教师把握住了学科教材的本质和学生心灵的深处，但是如果学生心灵深处与学科教材本质相互分离，学科教材就难以进入学生深层的兴趣、情感和思维，学生也难以真正参与到学科本质的深度把握中，从而在很大程度上降低学生学科学习的深度。

反之，在学生与学科的关系层面，深度教学要求具备三个基本条件：①教师转变自身的学科教材理解方式，提升自身的学科教材理解水准，能够全面、准确地把握学科教材的本质内涵；②教师熟悉学生兴趣、情感和思维的需求及特点，能够走进学生的心灵世界，在学科教材中准确地找到学生兴趣的引发处、情感的共鸣处和思维的迸发处；③教师能够准确地找到学科教材本质与学生兴趣、情感、思维的联结处，并通过问题设计，实现学生心灵深处与学科教材本质的交互融合。

2. 学科本质与持续建构的相互依存

学科本质与持续建构的相互依存反映的是深度教学在学科与学习方面的关系状态。在一定程度上讲，深度教学就是引导学生不断把握学科本质的过程：一方面，学习是一种持续的建构过程。这种持续建构需要指向学科的本质，以对学科本质的持续建构为重要目标。另一方面，学科本质的学习需要一个持续的过程，需要一个持续把握的过程，反过来才能对学生产生持久的影响，使学生产生持续的变化。正是在这种意义上，学科本质与持续建构的相互依存乃是深度教学的第二个存在状态。

从分析的角度，学科与学习的关系状态有三种情况：①粗浅型。教师既没能把握住学科教材的本质，又没能为学生打开持续建构的学习过程。在这种情况下，无论是教学内容还是教学过程，都没有任何深度可言。②分离型。教师能够把握住学科教材的本质，但又没有为学生打开持续建构的学习过程；或者，教师虽然试图为学生打开持续建构的学习过程，但自身对学科本质的把握不到位。在这种情况下，深度教学只能在一定范围内非常有限地实现。③依存型。教师既能准确地把握住学科教材的本质，又为学生实际地打开了持续把握学科本质的学习过程。在这种情况下，深度教学能够在一定范围内比较好地实现。

因此，在学科与学习的关系层面，除了前文已经涉及的教师对学科教材本质内涵的把握之外，深度教学还需要具备一个基本条件：教师需要认识到学习的持续性与建构性本质，善于设计兼具顺序性与层次性的活动序列，引导学生对学科本质展开持续的把握。

3. 心灵深处与持续建构的相互支持

心灵深处与持续建构的相互支持反映的是深度教学在学生与学习方面的关系状态：一方面，学生对学科本质的持续把握需要触及学生心灵的深处，有赖于学生兴趣、情感和思维的实质性参与；另一方面，学生持续把握学科本质的学习过程反过来会不断激发学生的兴趣、情感和思维。这里涉及两个问题：①如何激发学生的兴趣、情感和思维，以支持学生的不断建构；②如何设计持续建构的学习活动，以维持学生的兴趣、情感和思维。在实践中，前者有赖于学科问题的精妙设计，后者取决于学习活动的类型、序列与方式。

在学生与学习的关系层面，如果教师既没能激发学生的兴趣、情感和思维，又没能为学生设计持续建构的学习活动，这样的教学注定是没有多少深度的。如果教师激发出了学生的兴趣、情感和思维，但没有为学生设计持续建构的学习活动；或者教师为学生设计了持续建构的学习活动，但没有能够激发出学生的兴趣、情感和思维，而且这里的教学只能是在一定范围内具有比较有限的深度。只有当教师既激发出了学生的兴趣、情感和思维，又设计出了持续建构的学习活动以维持学生的兴趣、情感和思维，这样的教学才具有比较好的深度。不管是学生兴趣、情感和思维的激发，还是促进学生持续建构的学习活动序列设计，都有赖于教师的引导。显然，在学生与学习的关系层面，深度教学需要具备两个基本条件：①基于学科问题的学习活动序列设计；②促进学生持续建构的学习引导。

深度教学的三重关系结构表明：学生心灵深处与学科教材本质的交互融合、学生持续建构与学科教材本质的相互依存以及学生心灵深处与学生持续建构的相互支持是深度教学的三重前提条件。归纳起来，深度教学的实现必须满足五个基本条件：①全面、准确地分析和把握学科教材的本质；②依托学科教材准确地定位学生兴趣的引发处、情感的共鸣处和思维的迸发处；③设计出既能触及学生兴趣、情感和思维深处，体现学科教材本质，又能有效沟通这两者联系的学科问题；④设计出既能促进学生持续建构学科教材本质，又能激发学生兴趣、情感和思维的活动序列，其实质是基于学科问题的学习活动序列设计；⑤借助学科问题的设计和学习支持的提供，引导学生不断地把握学科本质并理解其意义。

（二）深度教学的框架

深度教学的框架可以归纳为：一个终极价值，两个前端分析，四个转化设计，四个导学模式。其中，价值导向是深度教学的核心价值，分析、设计与引导是深度教学的三个实践环节，分析与设计之间、设计与引导之间以及引导与分析之间则形成双向生成的互动关系。

1. 一个终极价值

一个终极价值是指促进学生的意义建构与持续发展，人是意义的追寻者和存在物，是意义的社会存在物。人在意义中存在，在存在中发展，在发展中不断提升意义。正是意义，成为人的存在之本和发展之源。凡是有点深度的教学，都必须立足于学生作为人的这种本质规定性，引导和促进学生的意义建构与持续发展。这是深度教学的核心价值和终极追求。

所谓"意义建构"是指学生根据自己的经验背景，对外部信息进行主动的选择、加工和处理，从而获得自己的意义，获得基于自身的而非他人灌输的对事物的理解。"意义"大致包含三种含义：①语言文字或其他符号所表示的内涵和内容；②事物背后所包含的思想和道理；③事物所具有的价值和作用。具体而言，深度教学条件下学生要建构的意义主要包括以下两个层次：

（1）知识层次的意义。知识层次的意义主要涉及知识的产生与来源、事物的本质与规律、学科的思想与方法、知识的关系与结构以及知识的作用与价值。

（2）生命层次的意义。人的生命的核心是精神生命，所谓人的生命意义其实就是人的精神意义。这就是说，生命层次的意义其实就是学生的精神意义，在教学条件下学生的精神意义主要包括五方面：需要与兴趣、愿望与理想、意识与思想、情感与精神、价值与信仰。

2. 两个前端分析

两个前端分析是指学科教材与学生学情的深度分析，学科教材的分析状况在很大程度上决定着学科教学内容的深度，学生学情的分析状况又在很大程度上影响着学生学习过程的质量。学科教材与学生学情的深度分析是深度教学的两个前提。

学科教材的深度分析主要表现在四方面：①深刻性，即超越学科教材的表层，深刻把握学科教材的本质与内核；②完整性，即超越学科教材的双基，能够从多个维度把握学科教材的完整内涵；③反思性，即超越学科教材的具体性知识，反过来领会具体性知识背后的本体性知识；④整体性，即超越学科教材的局部认知，善于从整体上把握学科教材的基本结构。

学生学情的深度分析要从三方面着手：①前理解。深入分析学生的先见、先知和先验，从中定位学生学习的关节点和困难处。②内源性。深入分析学生的兴趣、情感和思维需要，从中定位学生兴趣的引发处、情感的共鸣处和思维的迸发处。③发展区。深入分析学生的最近发展区，从中定位学生学习与发展的层次序列。

3. 四个转化设计

四个转化设计是指从目标的内容化到活动的串行化，从实质上讲，教学结构其实是学科教材结构和学生心理结构的深层转换,而学生的学习与发展状况其实取决于教学结构的状况。换言之,教学设计必须抓住教学实践中的若干关键转化环节,做好转化设计。基于学科教材和学生学情的深度分析,深度教学需要做好四个转化设计:目标的内容化、内容的问题化、问题的活动化与活动的串行化。

(1) 目标的内容化。在做好学科教材和学生学情两个前端分析之后,教师首先需要做的是深度教学的目标设计。深度教学的目标可以从三方面加以考虑:①体现终极价值。深度教学的目标设计始终都要将促进学生的意义建构与持续发展作为终极价值追求,其中的关键是确定学生意义建构的内容和程度。②聚焦核心素养。深度教学的目标设计要对着重培养学生的核心素养进行明确的定位。③兼顾三维目标。深度教学的目标还要全面兼顾新课程教学的三维目标,即知识与技能,过程与方法,情感、态度与价值观。

(2) 内容的问题化。教学内容,在没有与学生发生关联之前,它就是一种外在于学生的客观存在。如果教学内容始终不能与学生发生某种实质性的关联,课堂就不可能产生任何有深度的教学。将外在的教学内容与学生的主观世界沟通起来,其中一种有效的实践方式就是学科问题的设计,即教学内容的问题化。在这里,学科问题具有多重深度教学的价值与作用:①学科问题是学科与学生的关联器,它能够沟通学科教学内容与学生内心世界之间的联系,从而为学生的深度建构提供认识上的前提;②学科问题是触及学生心灵深处的触发器,它能够不断激发学生的兴趣、情感和思维;③学科问题是促进学生持续建构的维持器,它能够在很大程度上促进学生不断建构。因此,如何将精选出来的教学内容转化设计成恰当的学科问题,成为深度教学的第二个设计任务。

(3) 问题的活动化。如果学科问题是沟通学科教学内容与学生内心世界的关联器,是触及学生心灵深处的触发器,是促进学生持续建构的维持器,那么这三方面的价值和作用最终还需要借助活动这个机制才能实现。在这里,问题与活动构成了一种双向建构和相互支持的关系:一方面,问题为活动提供了目标、内容上的依据和动机上的支持;另一方面,活动又为问题的提出与探究提供了平台。不仅如此,活动不仅是教学的基本实现单位,还是学生学习与发展的实现机制。在深度教学中,学生正是在问题的导引下,通过活动这个平台和机制,不断展开对学科本质和自我意义的探究。说得再明确一点,即"问题—活动"乃是深度教学条件下学生学习与发展的双重心理机制。这意味着,如何依据学科问题,科学合理地设计学科学习活动,是深度教学实践中教师需要做好的第三个转化设计。

(4) 活动的串行化。为了引导学生持续地建构,不断地提升学生学习与发展的水平,教师在深度教学实践中需要做好第四个设计,即活动的串行化设计。所谓序列,是按照某种标准而做出的排列。在深度教学中,活动的串行化设计主要遵循四个标准:①顺序性。根据学生的认知特点与思维顺序,考虑活动的先后顺序,做到各种活动的切换自然得体。②主导性。抓住学生学习的关节点和困难处,准确定位学生学习的主导活动,做到关节点和困难处的学习突破。③层次性。根据学生的最近发展区，依次设计不同的学习阶梯，促进学生渐次提升学习与发展的水平。④整合性。根据教学的核心目标，优化组合各种类型的教学活动及其要素，发挥教学对于学生发展的整体效应。

4. 四个导学模式

四个导学模式是指，从反思性教学到理解性教学，深度教学的反思性、交融性、层次性与意义性决定了深度教学的四个基本导学模式：①反思性教学是教师引导学生通过间接认识、反向思考和自我反省等认知方式，达到对学科本质的深入把握和对自我的清晰认识；②对话式教学是教师为了引导学生完整深刻地把握课程文本意义，按照民主平等原则，围绕特定话题（主题或问题）而组织的师生之间、生生之间和师生与文本之间的一种多元交流活动；③阶梯式教学是教师根据学生的最近发展区，借助学习阶梯和支架的设计，不断挑战学生的学习潜能，逐渐提升学生的学习与发展水平；④理解性教学旨在营建一种以意义建构为目的的学习环境，以学生的前理解为基础，引导学生通过多向交流，达到对知识意义与自我意义的真正理解，进而提升自己的生命价值。

作为深度教学的四个基本导学模式，反思性教学、对话式教学、阶梯式教学与理解性教学都是为了促进学生的持久学习，都是以促进学生的意义建构与持续发展为核心价值和共同目标。四者之间相互联系、相互支持，共同构成深度教学的实践体系。对于深度教学的这四个基本导学模式，教师需要从整体上加以理解，并在实践中综合灵活地运用。

深度教学的实现与否取决于教师四方面的实践智慧：①分析力，即学科教材和学生学情的深度分析；②设计力，即目标的内容化、内容的问题化、问题的活动化与活动的串行化设计；③引导力，即反思性教学、对话式教学、阶梯式教学与理解性教学四个导学模式及其策略的运用；④认识力，即对生命与智慧、学科与教材、知识与能力以及学习与发展四大课堂原点问题的深入认识。

（三）深度教学的性质分析

根据深度教学的活动结构及其条件，深度教学在一定的范围内是有可能的，但是也是需要条件的。但从根本上讲，事物的性质决定事物的规律与方法，而事物性质的不同表现又与它的类型密切相关。揭示深度教学的基本性质，在方法论上需要明确两点：①事物的性质与事物的结构密切相关。换言之，深度教学的结构在很大程度上决定着它的基本性质。②事物的性质是事物本质的具体表现。对于深度教学基本性质的揭示，实质是对深度教学本质内涵的进一步认识。根据深度教学的本质内涵与基本结构，深度教学具有四个基本性质：深刻性、交融性、层次性、意义性。

（1）深刻性。深度反映的是触及事物本质的程度。具体而言，深度教学就是要触及学生的本质，触及学科的本质，触及学习的本质，触及发展的本质。这"四个触及"决定了深度教学具有深刻性。相应地，深度教学的深刻性集中表现在四方面：①触及学生心灵的深处；②深入学科教材的本质；③引导学生持续地建构；④对学生产生深远的影响。深度教学的深刻性决定了深度教学应当实施反思性教学。

（2）交融性。在某种程度上讲，深度教学是要沟通和融合教学内部的各个要素、各种关系和各个环节，以充分发挥教学对于学生学习与发展的整体效应。这就决定了深度教学具有交融性。一般而言，深度教学的交融性表现在四方面：①学生与学科的交互融合，即学生深层的兴趣、情感、思维与学科教材本质的交互融合；②学生与学习的相互支持，即学生深层的兴趣、情感、思维与学生持续建构过程的相互支持；③学科与学习的相互依存，即学科教材本质与学生持续建构的相互依存；④师生之间的心灵融通，即师生之间在兴趣、情感和思维上的心灵融通。深度教学的交融性决定了深度教学应当实施对话式教学。

（3）层次性。深度教学重在引导学生通过深切的体验和深入的思考，帮助学生达到对学科本质的深层理解，进而理解自然，理解社会，理解他人，最终理解自我，实现自我。这里的关键之一是根据学生学习与发展的水平序列，为学生打开不断向纵深推进的学习过程。深度教学的层次性集中表现于学习活动及其过程的阶梯性。深度教学的层次性决定了深度教学应当实施阶梯式教学。

（4）意义性。如果教学没能进入学生的精神世界和意义领域，这样的教学是没有深度的教学。从根本上讲，深度教学就是引导学生建构知识意义、提升自我生命意义的教学。这里的"意义"涉及两方面的内涵：①学生对知识意义本身的建构；②学生通过知识建构丰富和提升自我的生命意义与精神意义。这就是深度教学的意义性。

深度教学的意义性集中表现在三方面：①教学目的，即不仅引导学生获得知识，而且获得意义；②教学内容，即在学科教学内容之间以及学科教学内容与学生心灵深处之间建立起非人为的实质性关联；③教学过程，即促进学生的兴趣、情感和思维在学生持续建构过程中的深度参与。深度教学的意义性决定了深度教学应当实施理解性教学。

（四）深度教学的实践样态

根据深度教学的程度、条件和范围，深度教学的实践样态存在以下四种类型：

（1）完全缺失的深度教学。目前初中普遍存在的一种教学情况：教师不能全面、准确地把握学科教材的本质，不能依托学科教材找到学生兴趣的引发处、情感的共鸣处和思维的迸发处。如此一来，教师自然难以设计出既能触及学生兴趣、情感和思维深处，又能体现学科教材本质，并且能够有效沟通这两者的学科问题；难以设计出既能促进学生持续建构学科教材本质，又能激发学生兴趣、情感和思维的活动序列。其结果是，学生难以达到对学科本质意义的深层把握和真正理解。

（2）点上突破的深度教学。教师虽然没能建立起学生兴趣、情感、思维与学科教材本质的交互融合关系、学生持续建构与学科教材本质的相互依存关系以及学生兴趣、情感、思维与学生持续建构的相互支持关系，但是在把握学科教材本质、依托学科教材定位学生兴趣的引发处、情感的共鸣处和思维的迸发处以及设计持续建构的学习活动三个点位上，实现了某个（些）点位的突破，此时的教学就是点上突破的深度教学。这种情况的深度教学在初中并不少见：教师能够在某个孤立的点位上为深度教学创造条件，但又没能够真正沟通学生、学科与学习之间的实质性联系。

（3）局部突破的深度教学。教师不仅在把握学科教材本质、依托学科教材定位学生兴趣的引发处、情感的共鸣处和思维的迸发处以及设计持续建构的学习活动三个点位上，实现了某个（些）点位的突破，而且还在学生心灵深处（兴趣、情感、思维）与学科教材本质的交互融合关系、学生持续建构与学科教材本质的相互依存关系以及学生兴趣、情感、思维与学生持续建构的相互支持关系三方面，实现了某个（些）方面的突破，此时的教学就是局部突破的深度教学。

（4）完整鲜明的深度教学。某些特级教师和教学名师的教学就是这种情况：教师能够在深入把握学科教材本质和学生兴趣、情感、思维深处的基础上，通过学科问题设计和基于学科问题的学习活动设计，沟通学生、学科与学习之间的多向交互关系，引导学生持续建构学科教材本质，促进学生持续发展。

二、中学数学中深度教学模式的构建

（一）数学反思性教学模式

深度教学是引导学生深度建构学科教材的本质，唯有通过反思，学生才能真正把握学科教材的本质。这就是深度教学的第一个教学模式：深入学科教材本质的反思性教学。

1. 反思性教学的理念

在初中，虽然教师主要承担的是某一个学科的教学，但很多教师又常常将自己的任务理解为教教材，其结果是：学生只是学了几本教材，却没能真正认识这门学科；学生只是学到了某些粗浅的教材知识，却很少把握该门学科的精髓。长此以往，学生自然难以发展出良好的学科核心素养。改变这种状况的前提就是转变我们的教材观念：教师的教学任务不是教材，而是用教材教，教师用教材来教学生学习学科。鉴于学生学习时间和精力的有限性，教师的任务主要是用教材来引导学生把握学科的本质，其原因就是更好地解决时下人们普遍关注的话题——培育学生的学科核心素养。不管是引导学生把握学科的本质，还是培育学生的学科核心素养，首先是引导学生借助教材来学习学科，简单而言，就是要引导学生着重从学科的以下五个要素来展开学习：

（1）对象—问题。所有学科都有自己特定的研究对象和研究问题。例如，物理学主要研究物质世界最基本的结构、最普遍的相互作用和最一般的运动规律,数学主要研究现实世界的数量关系和空间形式;而在各门学科内部的不同领域,又涉及具体的研究对象和研究问题。

(2)经验—话语。所有学科都有自己特定的经验形式与话语体系。对于初中生而言,就是要掌握不同学科的基本活动经验、问题表征方式和语言表达特点。

(3)概念—理论。所有学科都有自己特定的概念系统与理论体系,具体表现为学科中的概念、原理、结构和模型等概念性知识。

(4)方法—思想。所有学科都蕴含有经典的思想方法,包括哲理性的思想方法、一般性的思想方法与具体性的思想方法。

(5)意义—价值。所有学科都有自己独特的意义与价值,具体表现为学科知识的作用与价值以及学科知识所蕴含的情感、态度与价值观。

2. 反思性教学的目标

从教学目标而言,深入学科教材本质的反思性教学旨在培育学生的学科核心素养。学科核心素养特指那些具有奠基性、普遍性与整合性的学科素养。其中,具有奠基性的学科素养是指那些不可替代和不可缺失,甚至是不可弥补的学科素养,如学科学习兴趣、学科思想方法等。具有普遍性的学科素养是指超越各个学科并贯穿各个学科的学科素养,如思维品质、知识建构能力等。具有整合性的学科素养是指对那些更为具体的,起着统摄和凝聚作用的学科素养,如语文学科中的审美鉴赏与创造力素养就统摄了审美意识、审美情趣、鉴赏能力和创意表达等语文学科素养。

从分析的意义上讲,学科核心素养的基本结构可以归纳为:"四个层面"与"一个核心"。"四个层面"分别是:①本源层,即对学生的学科学习最具有本源和发起意义的那些素养,主要表现为学科学习兴趣;②建构层,即学生在学科学习中所具有的知识建构能力,主要表现为发现知识、理解知识和构造知识的能力;③运用层,即学生运用学科知识解决问题的能力,集中表现为实践能力与创新能力;④整合层,即学生在长期的学科学习中通过领悟、反思和总结逐渐形成的具有广泛迁移作用的思想方法与价值精神。"一个核心"是指学科思维。正是依靠学科思维的统摄和整合,学科核心素养的所有四个层面及其各个要素才形成了有机的整体。

本书认为有四个因素与学科核心素养的发展密切相关:①学科活动经验;②学科知识建构;③学科思想方法;④学科思维模式。其中,学科活动经验是学科核心素养发展的重要基础。离开学科活动经验,学科核心素养的发展便成为无源之水。知识建构能力不仅是影响学科核心素养发展的重要因素,而且它本身就是学科核心素养的组成部分。作为学科的精髓与核心,学科思想方法在一定程度上决定着学科核心素养的发展状况。学科思维模式是特定学科的从业者和学习者在分析问题与解决问题时普遍采用的思维框架和思维方式，它在学科核心素养发展中起着决定和整合的作用。

3. 反思性教学的方向

在教育意义上，"学科"是指教学科目。在学科课堂中，教师的直接任务是引导学生学习学科。引导学生学习学科是引导学生学到学科中最有价值的知识，而在深度教学的视域中，其实质是要引导学生把握学科的本质。对于这个问题，可以从以下两方面加以思考：①研究对象。学科的研究对象决定着学科的本质。不同的学科有着不同的研究对象，不同学科的各个分支也有不同的研究对象。不同学科的不同研究对象决定了不同学科的研究过程、研究方法和研究结果的不同。具体而言，学科的研究对象就是学科的独特研究问题。因此，独特的研究问题决定着学科的本质。②存在形态。学科的存在形态决定着学科的本质。任何学科都具有三个基本存在形态：知识形态、活动形态与组织形态。学科的知识形态主要表现为学科的核心知识，包括核心的概念、原理和理论等。学科的活动形态主要是指学科研究者发现知识和解决问题的活动样态，具体表现为学科的研究方法与研究手段。学科的组织形态主要是指学科知识的组织系统，常常表现为学科的基本结构。

从操作的意义上讲，教师可以着重从五方面引导学生把握学科教材的本质：①知识的产生与来源，即引导学生理解知识的前因后果；②事物的本质与规律，即引导学生透过现象把握事物的本质特征与普遍规律；③学科的方法与思想，即引导学生领悟学科专家发现知识和解决问题的思想方法；④知识的关系与结构，即引导学生把握知识的三重关系：前后知识之间的顺序关系、左右知识之间的并列关系、上下知识之间的层次关系；⑤知识的作用与价值，即引导学生理解知识的功能、作用以及知识背后所蕴含的情感、态度与价值观。

4. 反思性教学的环节

反思总是去寻求那固定的、长住的、自身规定的、统摄特殊的普遍原则。这种普遍原则就是事物的本质的真理，不是感官所能把握的，这意味着，作为主体对自身经验进行反复思考以求把握其实质的思维活动，反思是引导学生把握学科教材本质的核心环节。

在汉语语境中，一般将反思理解为对自己的过去进行再思考，以总结经验和吸取教训。在教学条件下，人们常常谈论的"反思性教学""反思性学习"都是将"反思"理解为经验的改造和优化。从源头上看，"反思"乃是一个外来词，为近代西方哲学尤其是黑格尔哲学所常用。实际上，具有真正哲学意义的反思概念是随着近代西方哲学的发展而确立和清晰起来的。归纳起来，西方哲学中的反思概念大致包含以下五层含义：

（1）反思是一种纯粹思维，即纯思。换言之，反思是一种以思想本身为对象和内容的思考，是对既有思想成果的思考，是关于思想的思想。

（2）反思是一种事后思维，即后思。一般而言，其首先包含了哲学的原则，哲学的认识方式只是一种反思,意指跟随在事实后面的反复思考。可见,反思是一种事后和向后的思索与思考。

(3) 反思是一种本质思维。"反思"是对自身本质的把握,这是反思的最重要含义。任何反思,都是力求通过现象把握本质,通过个别把握一般,通过有限把握无限,通过变化把握恒常,通过局部把握整体。

(4) 反思是一种批判思维。反思一词含有反省、内省之意,是一种贯穿和体现批判精神的思考方式。换言之,反思不仅内含批判精神,而且是批判的必要前提。简单地说,批判就是把思想、结论作为问题予以追究和审讯的思考方式。

(5) 反思是一种辩证思维。真正彻底的反思思维不仅是纯粹思维、事后思维、本质思维和批判思维,而且必须是辩证思维。因为只有辩证思维,才是达到真正必然性的知识的反思。

回到教学领域,我们可以从五个维度来理解学生的反思:①反思的目的。反思不是简单的回忆、回顾,其目的主要是把握学科本质,进而不断优化和改进自身的知识结构、思维模式与经验体系。②反思的方向。作为事后思维,反思一定是向后面的思维、反回去的思维,是学生对自己已有思考过程及其结果的反复思考。③反思的对象。学生反思的对象不是实际的事物和活动,也不是直观的感性经验,而是学生对自己思考的思考,是学生对自己已获知识的思考,是学生对自己已获知识的前提与根据、逻辑与方法、意义与价值等方面的思考。④反思的方式。反思的本质含义决定了反思的基本方式是反省思维、本质思维、批判思维与辩证思维。⑤反思的层次。反思不是初思,而是再思、三思、反复思考。如果说初思有可能还停留于感性的认识水平,那么反思则是通过反复思考达到理性的认识水平。

5. 反思性教学的模式

引导学生把握学科本质的教学模式是反思性教学。这里的反思性教学不是教师发展意义上的反思性教学,而是学生发展意义上的反思性教学。简单地讲,学生发展意义上的反思性教学是指学生在教师引导下通过反思思维把握学科教材本质,进而优化和改造自身知识结构、思维模式与经验体系的教学形态。教师要从目标、内容、过程、方式与水平五个维度确立反思性教学的基本实践框架。

(1) 反思性教学的目标:把握学科本质。反思性教学的目标是引导学生透过现象把握本质,透过局部把握整体,透过事实把握意义。换言之,引导学生把握学科教材的本质和学科知识的意义。

(2) 反思性教学的内容:知识的过程、方法与结果。这种教学模式是让学生学会对自己的知识进行理解和不断反思。反思性教学涵盖了三方面内容:一是将学到的知识看作一种过程进行反思,主要是学生要学会在获取知识的过程中进行反思;二是将所学的知识看作一种结论进行反思,其中包括逻辑思维和行为方法、价值观念等方面;三是将所学的知识看成是一个问题进行反思,让学生学会质疑和批判。

(3)反思性教学的过程:从矛盾到重建。在实践中,反思性教学会创造问题的环境,从而给学生造成疑惑的感觉,这样会有认知的矛盾,所以学生就会努力去做到知识平衡,最后回归教材,重建自己的知识结构。

(4)反思性教学的方式包括四个不同的思维方式:反省思维、本质思维、批评思维和辩证思维。这四种思维模式循序渐进地引导学生,从而达到反思性教学的目的。反省思维其实就是让学生在学习的过程中找到一些办法,并对这些办方法进行反省,从而得出一些心得体会,最终提高学习效率。本质思维就是教会学生通过现象看清事物的本质。在实践中,教师应该将知识的缘由作为重点,其次就是事物的本质、学习学科的方法、各学科之间的知识联系等,让学生看到学科的本质和知识核心,最终能让学生真正地掌握知识。批评思维就是让学生敢于质疑,这样一来,能让学生具有一定的批评精神,从而激发出学生内心的创新精神。辩证思维的出发点就是整体与发展的观点,学生要学会用这一观点来看待问题。辩证地看待事物,既能看到事物的发展性,也能看出事物的对立性;既能看到好的方面,也能看到不好的方面。

(5)反思性教学的水平:从回顾到批判,根据学生反思的水平,可以将反思性教学区分为回顾、归纳、追究与批判四个层次。其中,在回顾水平上,反思性教学只是引导学生对自己知识的过程、方法与结果进行回忆。这种水平的反思性教学在实践中比较多见,一个典型的表现就是教师只是让学生对自己学习的得失进行反思。在归纳水平上,反思性教学引导学生对先前知识的过程、方法与结果进行梳理与归纳,但此时的知识还主要停留于经验水平和概念水平。在追究水平上,反思性教学引导学生对知识的产生与来源、事物的本质与规律、学科的方法与思想、知识的作用与价值等方面进行反复探求与追寻。在批判水平上,反思性教学引导学生将自己已获得的知识作为问题进行质疑和拷问,其着眼点在于提升学生的问题意识、批判精神与创新能力。

(二)数学对话式教学模式

教育之道,道在心灵。现行教学专注于知识的堆积而远离学生的心灵,学生因此缺乏情感的体验、智慧的刺激和生活的感悟而没有灵性,课堂缺乏生命的活力和意义的显现。在这种情况下,教学毫无深度可言。换言之,深度教学不是远离学生心灵的教学,而是触及学生心灵深处的教学。因此,对话式教学才能触及学生心灵的深处,这就是深度教学的第二个教学模式:触及学生心灵深处的对话式教学。

1. 对话式教学的根源

教育是心灵的艺术,教学是心灵的启迪,教师是人类灵魂的工程师,凡是与教育有缘的人都熟悉这些名言和说法。在实际教学中，学生心灵沉睡的现象不在少数，归纳起来大致有以下三方面的表现：

（1）"无心"现象。教师不了解学生的心灵世界，难以引起学生心灵的共鸣与回应，致使教师的教学与学生的心灵两相平行而很少相交。

（2）"走心"现象。教师的教学与学生的心灵世界有些关联，偶尔会引起学生心灵的共鸣与回应，但终究未能走进学生心灵的深处，此时的课堂止步于学生心灵的表层，很少触及学生深层的需要、兴趣、情感和思维，自然就会产生学生一笑而过、一时兴起而难以持续投入等现象。

（3）"偏心"现象。教师的教学单纯强调学生心灵的理性部分，很少关注学生心灵的情感、精神部分；单纯强调学生的逻辑思维，很少关注学生的感知与体验、直觉与领悟。在这种情况下，课堂将学生心灵的理性部分置放在课堂的绝对统治地位，学生心灵世界中更具有生命本源意义的部分却被放逐在课堂之外。长期以来，教学非但不能建构学生的意义世界和生成学生的精神整体，反而会使学生的意义世界和精神人格不断陷入贫乏。课堂教学中存在的"无心""走心""偏心"现象又说明教学并没有能够兑现它的承诺，这主要有以下三个原因：

第一，教学本质问题的认识束缚。教师对于这个问题的认识与回答必然会对教师的具体教学实践起着根本的导向和规范作用。长期以来，学者主要是在认识论（实践认识论、社会认识论或建构认识论）的框架下去揭示教学的本质，由此产生了特殊认识说、认识—实践说、认识—发展说、交往活动说与建构活动说等基本观点。与此相适应，处于第一线的教师很容易将教学理解为一种纯粹的知识活动。在这种情况下，教师自然难以从"心灵"的高度去理解教学的本质，所谓"教学是心灵的唤醒与启迪"等观点只是教师用以粉饰自己职业的辞藻，或者只是教师教事之余的感想与议论。这意味着，我们必须突破狭隘的认识论视角，将自己对教学本质的理解提升到心灵的高度。否则，无论我们选择何种路径、采取何种方式来改进教学，都难以真正进入学生的心灵世界。

第二，学生心灵世界的难以言说。教学之所以难以走进学生的心灵世界，难以成为唤醒和启迪学生心灵的艺术，还有一个原因就是心灵世界本身的难以言说性。在教学生活中，我们能够清楚地将作为人的学生区分为身（身体）和心（心灵）两个部分。因此，要让教学成为唤醒和启迪心灵的艺术，在理论上必须突破心灵概念的认识难关，进而去揭示心灵的构成与机制。否则，教师就会因为难以付诸实践而将教学阻挡在学生的心门之外。

第三，课堂教学实践的功利法则。对于任何事物，我们先看到的都是它的实用价值，关注的都是它能否给我们带来实实在在的功利价值，却很少从更为深远的意义上看到事物的非功利价值，很少看到事物对于人自身、对于人的心灵所具有的精神建构价值，因而也很难领悟"无用之处是其大用"的深刻智慧。在这种认识模式下，一切教育活动包括课堂教学便只能在功利的层面上加以理解，很难真正走进学生的心灵世界和意义领域。在这种情况下，所谓唤醒和启迪心灵的庄严承诺在功利化的课堂实践面前就显得很不合时宜。这意味着，如果要兑现唤醒和启迪学生心灵的教学承诺，教育领域的每个人都需要首先经历一次心灵的净化和洗礼。

2. 对话式教学的问题情境

设计问题的情境主要涵盖触发问题、唤醒问题和建构问题。从事物发生的状态来看，问题情境的产生能触发学生、唤醒学生，并且让学生内心世界不断地得到建构和充实。在问题情境设计的基础上，和学生及时沟通能建立起教师和学生之间的心理桥梁，这种教学也被称为对话式教学，通过这种方式不仅可以让两者的思维不断地碰撞，也在构建着学生的内心世界。总而言之，对话式教学能在问题情境创立的基础上，达到很好的效果。

（1）学生心灵的触发器：问题情境。怎样的问题情境才能触及学生心灵的深处，基于大量的课堂范例，能够触及学生心灵深处的问题情境通常都能够引起和激发学生的注意力、好奇心、求知欲、探究欲和共鸣感等。具体而言，教师可以采用五个方法来创设尽量精妙精当的问题情境。

第一，以真实生意义。问题情境的创设需要从学生的生活实际出发，尽可能让学生在真实的问题情境中展开学习，使学生真正感受到自己是在学习有实际意义的知识，真正体会到知识与生活的密切联系。

第二，以新奇激兴趣。新奇的事物总能激发学生的兴趣，容易引起学生的好奇与思考。教师要善于捕捉课程教材中的新奇处，进而创设出尽量新奇的问题情境。

第三，以真切动真情。生动形象的场景和真情实感容易引发学生的情感体验和情感共鸣，产生以情动情的效果。教师在创设问题情境时要善于做到情真意切，用情感架起沟通交流的桥梁，从而促进学生的主动参与和情感投入。

第四，以困惑启思维。当学生遭遇困惑时，内心就会产生一种不平衡的心理状态。为了解除和恢复心理上的平衡，学生便会产生深入探究的欲望和冲动。教师要善于通过问题情境创造困惑，使学生产生认知冲突。

第五，以追问促深究。但凡善于引导的教师，都善于在学生已有思考的基础上，借助巧妙的追问，促使学生循序渐进、由浅入深地建构和理解知识。

（2）触及学生心灵深处的教学途径：对话式教学。借助问题情境，教师便可以采用对话式教学，不断地触发、唤醒和建构学生的心灵世界。从操作上讲，教师可以根据教学实际，分别采取问题讨论、论题争辩、成果分享、角色扮演和随机访问五种对话教学方式。

第一，问题讨论式。这种教学模式是让学生在课堂上发现问题，并且根据这个问题进行沟通讨论，并商讨出最后的解决办法。

第二，论题争辩式。这种教学模式一般都要形成正反两个论题，由此让学生自己分为正反方，让学生通过辩论赛的形式真正地理解知识。

第三，成果分享式。这种教学模式主要在于让学生在完成课后作业的基础上，敢于分享自己的学习结果，达到分享的目的，让学生学会自我反思和团队协作。

第四，角色扮演式。这种教学模式重视学生对相应角色的互换，而体验不同角色可以让学生体验到沟通的重要性，最后学会相应的知识。

第五，随机访问式。这种教学模式能够让学生自发地、主动地从不同的角度发现更多的问题，形成多种学习方法，培养学生的合作交流能力，使其能够对学习的知识有深刻的印象。

（三）数学阶梯式教学模式

教学贵在循循善诱。教师要善于引导学生由浅入深地认识事物，最终达到穷理尽妙、慎思敏行的学习境界。深度教学的第三个教学模式是促进学生持续建构的阶梯式教学。

1. 阶梯式教学的根据

"阶梯"的原意是指台阶和梯子，人们常常用以比喻向上、进步的凭借或途径。单纯依靠我们的经验就知道，阶梯所具有的基本特征便是它的层次性。借用到教学之中，所谓阶梯式教学，就是指教师基于学生学习与发展的现实水平，将教学活动整合设计成具有层次性的学习阶梯序列，以引导学生不断提升学习与发展水平的教学模式。

单从学生的思维建构过程来看，当下课堂教学普遍存在三大问题：①缺乏连续性，即强制性地中断学生的思维建构，致使学生的思维建构没能在一个连续、完整的过程中充分展开；②缺乏纵深性，即不自觉地将学生的思维建构限定在一个水平线上，致使学生的思维建构没能向尽可能高深远的层次推进；③缺乏挑战性，即习惯性地低估了学生思维建构的能力和潜力，未能更有效地挑战和挖掘学生的学习与发展潜力。正是出于对这三大课堂教学问题的反思，我们才格外强调采取阶梯式教学来实现课堂教学过程的连续性、纵深性与挑战性。阶梯式教学还具有以下三方面的内在根据：

（1）知识的层次性。知识不仅具有经验性知识、概念性知识、方法性知识、思想性知识和价值性知识五种类型，而且每个知识在逻辑上还可以区分为经验水平、概念水平、方法水平、思想水平和价值水平五个层次。基于知识的这种层次性，课堂教学应该将学生的知识学习从较低层次的经验水平、概念水平提升到较高层次的方法水平，甚至是思想与价值水平。

（2）学习的层次性。古今中外的人们都确认了学习具有层次性这个基本认识。其中具有代表性的是美国心理学家加涅将学习从低级到高级分成信号学习、刺激—反应学习、连锁学习、语言的联合学习、多重辨别学习、概念学习、原理学习和解决问题学习八类学习。人们非常熟悉的美国心理学家布鲁姆则将认知领域的学习目标从低到高依次区分为知识、领会、运用、分析、综合和评价六级。学生的学习可以分为反射学习与认知学习两大类，进而又把认知学习区分成感性学习与理性学习两大层次。基于学习的这种层次性，课堂教学应该将学生的学习从低级的水平不断提升到较为高级的水平。

（3）发展的层次性。学生的发展区可以分为低级心理机能与高级心理机能两个层次。外部的物质活动是人的活动的最初形式，也是人发展的最初形式。通过外部的物质活动，人获得的是最初的低级心理机能；通过内部的心理活动，人才能获得高级的心理机能。在最近发展区理论中，维果茨基更是明确地将学生的认识发展分成两种水平：一种是现有水平，即学生当前所达到的认识发展状态；另一种是在现有状态的基础上，经过帮助或努力所能达到的一种新的发展状态。在这两种水平状态之间存在差异，这个差异地带就是"最近发展区"。最理想的教学应该在"最近发展区"做努力，既要高于原有的认识水平，又是学生经过帮助或努力所能达到的。基于发展的这种层次性，课堂教学应该将学生的发展从现有水平不断提升到潜在的水平和可能的水平。

2. 阶梯式教学的理念

基于知识、学习与发展所具有的层次性，可以从以下四方面提炼和归纳阶梯式教学背后所蕴含的理念与思想：

（1）知识即由知到识。按照一般的理解，知识是人们对事物的一切认识成果。这是一种广义的理解。从词源上讲，"知"作为动词是指知道，作为名词是指知道的事物。"知道"等同于晓得、了解之义。但在古人看来，所谓"知道"是通晓天地之道，深明人事之理，此所谓"闻一言以贯万物，谓之知道"。"识"包括辨认、识别等意思。如果说"知"主要是指认识层面的通晓世道和深明事理，那么"识"则是将人的认识拓展到实践的层面，与人的分析判断和实际问题的解决密切相关。由此观之，"知识"不是简单的晓得、了解，唯有达到事物的深层道理的把握，并付诸实际问题的解决，方能叫作知识。我们强调阶梯式教学，就是要引导学生超越知识的表层，去把握事物背后所蕴含的深刻道理，以穷其事理，尽其奥妙，最终使自己能做到慎思敏行。这就是阶梯式教学坚持的第一个观点：知识即由知到识。

（2）学习即持续建构。人们普遍认同的一个观点是：学习不是获得，而是建构，"建构"一词与"解构"相对，其原意是指建筑起一种构造。运用到学习领域，我们可以将"建构"的基本含义理解为建立自己对知识和事物的理解，构造出属于自己并能解决问题的知识结构、思维模式和意义系统。按照建构主义学习论的观点，学习首先是学习者基于自己的已有经验对知识的主动建构；其次，学习是学习者在一定情境中运用自己的已有经验对知识的主动建构；最后，学习是学习者在一定情境中运用自己的已有经验，通过学习共同体的交流合作对知识的主动建构。但学生对于知识、事物和自我的建构都不是一蹴而就的，其间涉及弥补、修正、更新、深化、整合等多种心理环节。换言之，建构本来就是一个由易到难、由浅入深、由表及里、由分到合的持续过程。这就是阶梯式教学坚持的第二个观点：学习即持续建构。

（3）发展即不断进步。教学的最终目的是通过学习引导促进学生的发展。发展是事物不断前进的过程，是由小到大、由低到高、由旧到新的运动变化过程。回到课堂教学中，所谓发展就是促进学生由现实状态发展到更为理想的状态，由现实水平发展到更为高级的水平。结合维果茨基的最近发展区理论，本书可以将学生在课堂教学中的发展状态由低到高区分为三种水平：①已有水平，即学生在不需要任何帮助和支持的情况下，自己已经具有和达到的发展水平；②现实水平，即学生在他人的帮助和支持下，能够具有和达到的发展水平；③可能水平，即学生在自己已有水平和现实水平的基础上，通过挑战自己和充分调动自己的潜力而最终可能达到的发展水平。在此意义上讲，阶梯式教学就是要促进学生从已有水平不断地发展到可能水平，从而帮助学生不断地实现自我。这就是阶梯式教学坚持的第三个观点：发展即不断进步。

（4）教学即持续助推。教学，始终都要为学生的发展开路，始终都要走在学生发展的前面，始终都要给学生创造不断学习与发展的台阶，始终都要不断地帮助和推进学生的发展变化。作为学生学习与发展的助推者，教师始终要做的最重要的事情，便是给学生提供动力、提供机会、提供方法、提供支架，全力助推学生向更有深度的学习和更高水平的发展迈进。这就是阶梯式教学坚持的第四个观点：教学即持续助推。

3. 阶梯性活动的设计

（1）从学习过程到形成概率水平。从知识的五个层次可以看出学生学习的过程一般都是从概念的形成开始，慢慢地形成自己的思想，最后形成自己的知识结构。这是阶梯性活动设计的第一个思路：学习过程—形成概念—形成办法—形成思想—找到价值。

（2）从开始认识到悟性认识。我们可以根据学生的思想层次发展看出他们的认识发展都是要经过开始认识，然后到悟性认识，最终构建自己的知识框架。这是阶梯性活动设计的第二个思路：开始认识—理性认识—悟性认识。最初，开始认识就是学生最开始只能看出事物的一些表面现象，对其只能达到最初步的认识。随着时间的推移，学生通过学习，将没有关系的对象进行联系与结合，看出里面的相似点，对事物的规律现象能有进一步的认识。而理性认识就是学生可以看出事物的本质特征，而且已经有了自己的判断能力和认知能力。悟性认识就是学生在前面几个过程的历练中，可以有自己的思维模式和解决问题的办法。

（3）从个案学习到活化学习。根据范例教学论的基本观点，学生的知识学习需要经历一个从个别到一般、从具体到抽象、从客观世界到主观世界逐渐深化的过程。鉴于此，教学过程可以分成四个环节：①范例性地阐明"个"的阶段；②范例性地阐明"类"的阶段；③范例性地掌握规律和范畴的阶段；④范例性地获得关于世界和生活经验的阶段。这就是设计阶梯性活动的第三个思路：个案学习—种类学习—普遍学习—活化学习。

（4）从独立学习到挑战学习。根据学生的发展状态，学生的发展需要经历一个从已有水平到现实水平，最后到可能水平的变化过程。相应地，可以将学生的课堂学习分为独立学习、协作学习、集体学习与挑战学习四个层次。这就是设计阶梯性活动的第四个思路：独立学习—协作学习—集体学习—挑战学习。

4. 阶梯性活动的学习支架

阶梯性活动就是给学生提供一个学习的模式场所，依靠这种场所，学生的学习能力能不断地提升。就像建筑工程里面的房子结构要用支架来支撑，学习和发展也需要支撑。所以，我们必须给学生提供学习发展和提升的平台与支架。

在建筑工程中，"支架"是一个专业词汇，是一个构架的支撑点。在教学中，"支架"则变成了提升学生水平和能力的一个平台。我们可以根据现有的资源，将支架归为两种类型：指导性支架和支持性支架。所谓指导性支架就是教师采用科学的办法来督促学生学习；支持性支架是对于学生在学习过程中所产生的一些需要，教师能起到支持和帮助作用。

（1）指导性支架的设计。根据教学的实际经验，教师可以采用"以追问促深究""以交流促理解""以概括促整合"和"以实践促反思"四个方法来设计指导性支架，以促进学生的阶梯性学习。

第一，"以追问促深究"。例如，在教"等腰三角形的性质"一课时，多数学生能够猜出等腰三角形的两底角相等，教师可以追问：等腰三角形的两底角真的相等吗？为什么？

第二，"以交流促理解"。例如，在教"等腰三角形的性质"一课时，教师可以引导学生围绕"如何探究等腰三角形的基本性质"这个问题展开交流，以促进学生对等腰三角形基本性质的理解。

第三，"以概括促整合"。例如，在教"数列"一课时，教师可以引导学生在学习数列的定义、类型及特征等方面的基础上，概括出数列的本质，以促进学生对数列相关知识的整合。

第四，"以实践促反思"。例如，在教"等腰三角形的性质"一课时，教师可以引导学生利用直尺等工具构造出一个等腰三角形，以促进学生反过来思考等腰三角形的基本性质。

（2）支持性支架的设计。根据学生学习的实际需要，促进学生阶梯性学习的支持性支架常常包括问题、情境、概念、图表、模型、案例等工具和手段。

(四) 数学理解性教学模式

教学过程中不应该只看到其"功利"和"实用"的价值，这样很难和学生建立起教学的桥梁。学生对这种课堂下的学习会毫无动力，也不能认识到学习的意义，所以很难找到自己的人生价值和发现自身的精神世界。我们必须通过深度教学来解决这些问题，这样才是具有构建意义的教学。此外，学生能通过理解来找到建构意义的根本，因为建构意义就是围绕着理解展开的。这就形成了深度教学的第四个特点：通过建构意义来展开理解性教学。

1. 理解性教学的建构意义

(1) 意义的含义。作为一个意义建构体，与心灵一样，"意义"也是一个理解各异、歧义丛生的概念。一般而言，意义是人类以符号形式传递和交流的一切精神内容，意向、意思、意图、知识、价值、观念等所有精神内容都属于意义的范畴。在日常生活中，人们又常常从功利的意义上将意义理解成事物所具有的价值和作用。作为一个具有独特意蕴的哲学范畴，意义包括意味和意指两方面，具体是指能够支撑人在现实世界中安身立命、生活实践的价值理念，或者是能够为人在世俗生活世界中得以安身立命和处理各种价值关系提供支撑的价值理念。

可以看出，意义对于人存在的重要性，它是我们内心与外部环境不断交流中由物体和个体向人显露出的观念体系。这种观念体系比较复杂，既包含对事物的理解和自我的反馈，也包含对事物价值的追求，也就是对实现自我价值的无限追寻和肯定事物的精神满足。具体而言，"意义"的意义或内涵需要从事实、价值和精神三个维度才能得到完整的理解：①在事实维度，意义指向"是什么"这个问题，具体表现为事物向人呈现出来的观念图景；②在价值维度，意义指向"意味着什么"这个问题，具体表现为事物向人呈现出来的价值内涵；③在精神维度，意义指向"人应当成为什么"这个问题，具体表现为人的理想追求与责任担当。因此，"意义"这个概念具有事实、价值与精神三重内涵。事实、价值和精神三个维度统摄了事物的事实与价值两个维度，融通了外部世界的意义与自我生命的意义，共同形成了人的完整的意义结构。

(2) 意义的组成。教师在教学过程中应该指引学生组建意义。但是很长一段时间，在课堂中占据主要地位的是知识，这种环境其实阻碍了知识引导对学生内心世界发展的根本意义。我们应该重新认识课堂环境下知识存在的意义并改变这种现状。换言之，剖析知识的意义，我们可以从两方面出发：一是有用的知识，二是无用的知识。课堂知识是一种权威的存在，可以在一定程度上实现学生心灵的发展，所以它具有价值意义。换言之，课堂上的教学并不是简单的知识累积，它更深层次的要求在于以知识累积为基础，去实现学生的心灵意义，丰富学生的内心世界，让学生能够找到自己存在的价值。所以我们在实践的过程中，应该认识到知识和生命的关系，从而去掌握"意义构建"的全部意义。

根据意义的三重内涵（事实维度、价值维度与精神维度），可以将课堂条件下学生建构起来的意义体系区分为两个层次：①知识层次的意义，即借助知识学习而获得的关于世界和事物的意义；②生命层次的意义，即经由知识学习而获得的自我的生命意义。

具体到学科课堂教学，知识层次的意义主要包括五方面：①知识的产生与来源，如寓言的来源、极限思想的产生等；②事物的本质与规律，如浮力的本质、物态转化的规律等；③学科的方法与思想，如化归的数学思想方法、能量转化与守恒的化学思想等；④知识的关系与结构；⑤知识的作用与价值等。

生命层次的意义的核心是精神意义，人的生命意义最终取决于他的精神生活状况。根据学生的精神生活图景，生命层次的意义又主要包括五方面：①需要与兴趣；②愿望与理想；③意识与思想；④情感与精神；⑤价值与信仰。知识和生命两个层次的意义内涵共同形成了学生心灵中完整的意义结构。

（3）意义的建构。意义不仅是心灵的建构物，而且是心灵的栖息地。然而，心灵又不可能凭空建构出任何意义。意义在心灵中的建构方法具体如下：

第一，意义建构的认识框架：外求成物—内求成己。意义来源于人的现实生活，人的现实生活包括两方面：①认识和改造世界；②认识和改造自我。这两方面在总体上展开为"成物"（成就世界）与"成己"（成就自我）的过程。"成物"与"成己"的过程就是意义的现实来源。

人在认识世界与改造世界的过程中，建构着"物"的意义。在这里，"物"的意义首先通过人以及人的需要而呈现，从而表现出某种外在性。人在认识自我与改造自我的过程中，既是意义的体现形态，又是追寻意义的主体。在这里，意义的生成同时表现为意义主体（人）本身的自我实现。唯有在成物的过程中，外在的事物才能进入人的认识与实践领域，成为人认识与改造的对象，并由此呈现事实、价值等方面的意义。同样，唯有在成己的过程中，人才能以自身潜能的发展和自我的实现为形式，既追问和领悟生命存在的意义，又赋予自我生命以内在的意义。概言之，成己与成物既敞开了世界，又在世界之上留下人的各种印记；意义的生成以成己与成物为现实之源，成己与成物的历史过程则指向不同形式的意义之域或意义世界。

不仅如此，在成物与成己的双重过程中，人不仅认识和改造着世界，而且认识和改造着自我；人不仅以观念的方式把握世界和自我的意义，而且通过实践过程赋予世界以多方面的意义；人不仅从事实层面把握着世界和自我，而且从价值层面把握着世界和自我；人不仅根据客观事实和实际情况来把握世界和自我，而且按照人自身的目的和理想来改造世界与自我。换言之，成物与成己不仅是人的意义之源，而且其所蕴含的多重过程又决定了人的意义世界的多样性，具体表现为事实维度的意义（是什么）、价值维度的意义（意味着什么）与精神维度的意义（人应当成为什么）。

总而言之，意义的现实缘由围绕着"成物"和"成己"来展开，这也是意义组成的过程。详细来说，就是人内心深处都具有向往性，才能对这个世界有所认识和完善。在认识和完善的过程中，离不开心智和心事两大载体的依托，这样一来，能对事物有准确的掌握，并且能从价值意义角度发现事物的本质特征，从而认识到世界和事物的存在价值。但是人在认识世界的同时也存在于整个世界，在完善世界的过程中也在不断地寻找着自我。在寻找自我的过程中，人们发现自己并不断地追求自我价值，由此便慢慢地找到生命存在的意义，这个过程我们可以认为是"内求成己"。

第二，意义组成的心理暗示：理解。意义对人存在的原因做出了解答，而理解则是对人存在的方式给出了答案。从心理机制而言，理解就是意义在内心深处慢慢建立的根本存在。理解其实是一种心理活动，也就是通过表面去看清事物的意义的过程，也是慢慢剖析人们心理的一种结果。但是不管是在外部环境还是自我价值上，理解只会通过学生的内心在心智和心事不断结合的过程中完成组建。所以理解其实就是掌握一种事物的深刻意义，我们也可以将理解看作很多方向不断循环的过程。

不过所有的理解都是建立在前理解的基础上，前理解可以看作理解的出发点和源头。简单而言，前理解有三个因素：一是本体所具备的心理框架；二是主体所理解的心理内涵；三是主体自身的思维模式。这些所谓的心理因素会在一定程度上制约学生对于个体意义的认识。另外，所有的理解都要经过很多对话和不断融合之后才能慢慢有结果。前理解会对个体对现在的理解有一定的影响，如个体容易在理解的过程中以自己的视角去看待事物的意义，这样就会产生理解偏差。所以，个体要学会多角度地看待事物，看到事物的价值、历史与现在、事物与本身以及不同个体之间的观念结合，从而不断地改善和进步，最终达到对事物的真正理解。这种理解是其他人不能代替的，理解终究是自我理解。更详细而言，所有的理解和理解当中的意义都要通过自己的生命体验去获得。这是一种具有很强的个性特征的过程，所以理解就是感受到我们所能感受到的事物。换言之，我们自己真正能感受到的事物才是真正被理解的。所以，通过前理解—理解—个体理解这三方面的逻辑思维，心灵才能在理解事物的同时又理解自我，在掌握事物意义的同时明白生命的真谛。

第三，意义组建的基本途径：感受。无论是外求成物到内求成己，还是前理解到个体理解，都离不开感受的作用。感受就是意义在内心可以建造的根本。从深层次而言，感受在构建意义中的重要作用其实离不开它本身拥有的包容性，表现为事物与个体的结合、知识和生命的结合、个体与他人的结合以及个体和多种精神需求的结合。

最初，感受将外部环境和学生个体结合起来，为学生开创出了一条由表到里的理解途径，在理解事物的基础上还理解着个体，在组建事物意义的基础上也组建着自己的意义。

然后，感受能让学生将自己的生活体验和对生命的认识与课程里的知识结合起来。在感受的维度里，客观的事物都是具有生命力的，拥有生命的意义和情调。感受世界让学生不止满足于课堂上的知识范畴，他们还会自己主动地追求生命的价值和意义。最终，感受可以使学生理解师生之间的关系和情感等，让建构意义的对话式教学具备实现的可能性。另外，感受本身就是从本体的生活体验和精神世界出发，在此基础上去建造知识的价值和自我价值，这些建造起来的意义可以和本体的意义相结合。这样一来，学生内心的精神世界和意义建造才能不断发展。

2. 理解性教学的建构途径

作为人类特有的一种心理活动，理解不仅是学生内化知识的关键环节和形成能力的重要基础，而且还是学生意义建构的基本机制。正是通过理解，学生不仅认识和建构着知识的意义，同时识和建构着自我的生命意义。如果深度教学是引导学生建构意义的教学，那么引导学生建构意义的教学必定是理解性教学。

（1）理解的本质。根据哲学解释学的基本观点，"理解"在本质上是一个多重的双向循环过程，任何理解都需要经历一系列的循环过程才能真正实现。落实到课堂教学实践中，我们将"理解"界定为透过知识表层把握背后深层意义的双向循环过程。

具体而言，我们所强调的"理解"主要包括五层含义：①理解是一个引导学生透过现象把握本质的心理过程，如引导学生在学习数列各种类型及特征的基础上把握数列的本质。这里涉及的是现象与本质之间的循环认识活动。②理解是一个引导学生透过局部把握整体的心理过程，如引导学生在分析文章各个部分的基础上把握文章的篇章结构。这里涉及的是局部与整体之间的循环认识活动。③理解是一个引导学生透过事实把握价值的心理过程，如引导学生在分析燃烧条件的基础上，把握燃烧原理的社会价值。这里涉及的是事实与价值之间的循环认识活动。④理解是一个透过历史把握现实的心理过程，如引导学生在了解极限思想产生与来源的基础上，把握极限思想在解决现实数学问题中的学科价值。这里涉及的是历史与现实之间的循环认识活动。⑤理解是一个透过事物把握自我的心理过程，如引导学生在学习课文情节的基础上，认识反思自己的需要与兴趣、愿望与理想、情感与精神以及价值与信念等。这里涉及的是事物与自我之间的循环认识活动。

（2）理解性教学的设计。展开理解性教学要从教材理解、学情理解、教学目标的确定、教学内容的选择、教学过程的设计、教学策略的选用五方面对引导学生建构意义的理解性教学模式进行实际的运用。

第一，理解性教学的教材分析：把握学科知识的深层意义。理解性教学首先要求教师能够超越教材的表层，把握住教材知识所蕴含的深层意义。为此，教师可以从五方面来分析教材：①知识的产生与来源；②事物的本质与规律；③学科的方法与思想；④知识的关系与结构；⑤知识的作用与价值。

第二，理解性教学的学情分析：把握学生的前理解。在理解性教学中，教师分析学情的重点是准确把握学生的前理解。为此，教师可以从三方面来分析：①学生的经历与见识；②意识与观念；③思路与方法。

第三，理解性教学的目标确定：一核三维。理解性教学的目标确定可以采取"一核三维"的操作模式：①"一核"，即确定理解的核心目标。理解性教学的核心目标是引导学生建构知识的意义与自我的意义。以此为基础，引导学生分别从学科兴趣、专业理想、思想观念、社会责任等方面认识和反思自己，从知识学习中建构和获得自己的生活意义与生命价值。②"三维"，即确定理解的三大任务。

第四，理解性教学内容的选择：从了解到理解。为了引导学生深刻、丰富而又完整地理解知识，最终建构起知识的意义与自我的意义，教师需要根据重要性程度将教学内容分为三个层次：①学生只要了解的内容，如人工取火的各种方法；②学生必须记忆的内容、基本要领等；③学生重点理解的内容，包括三个基本条件之间的内在关系。

第五，理解性教学的过程设计：从前理解到自我理解。根据理解的基本心理逻辑，理解性教学包括前理解、协作理解和自我理解三个基本环节。在前理解阶段，教师创设问题情境，让学生基于自己的已有经验进行尝试性的理解。在可能的情况下，教师还可以引导学生对自己的科学兴趣、专业理想、科学精神、科学态度和社会责任等方面进行反思和认识。

第六，理解性教学的策略选用：循环式教学。正如前文所述，理解的关键在于双向循环过程的展开。为了促进学生的协作理解与自我理解，最终建构知识的意义与自我的生命意义，教师需要尽可能地引导学生展开多种双向循环的认识过程。在数学教学中，教师可以采取体验—思考、提取—整合、诠释—生成、交流—反思四个教学策略：①体验—思考策略是让学生作为体验者与思考者，教师引导学生在已有生活经验和实验观察的基础上，深入思考实验设计的根据与思路、实验探究的思想与方法和燃烧的基本条件及其内在关系；②提取—整合策略是让学生作为提取者与整合者，教师引导学生从实验中提取关键的信息与证据，最终整合建构出燃烧的基本条件和燃烧的基本原理；③诠释—生成策略是让学生作为诠释者与生成者，教师引导学生诠释蕴含于燃烧条件探究过程中的科学精神、科学方法、科学思想与社会责任，鼓励学生生成自己的问题、观点与见解等；④交流—反思策略是让学生作为交流者与反思者，在与教师和同学的交流过程中，反思和调整自己的认知结构和思维方式。

三、中学数学中的深度教学范式

在科学理论中，命题是对概念之间关系的陈述。一般而言，这里的关系主要是指因果关系，而且是相对稳固的因果关系。但是在教育领域，导致某种结果的原因常常不只是单个方面，而是诸多因素共同作用的结果。因此，我们难以提供因果关系确定的诸如定律一样的命题，而是代之以一种有较强经验支持的尝试性命题或推测性说明，来描述和揭示深度教学内部的若干规律性联系。当我们还无法完全明白深度教学各种因素之间的复杂关系时，这种尝试性命题或推测性说明恰恰是一种将我们对深度教学的认识由已知推向未知，进而变未知为已知的思维方法，如此就可以提供一个由某些最具本源性的概念、命题共同构成的用以描述和解释深度教学的基本范式。

基于大量的经验支持和前面的理性分析，本书将深度教学的基本范式规定为四个基本命题：①深度教学是深入学科教材本质的反思性教学；②深度教学是触及学生心灵深处的对话式教学；③深度教学是促进学生持续建构的阶梯式教学；④深度教学是引导学生建构意义的理解性教学。这四个基本命题是对深度教学的本质、结构、性质及条件等方面的高度提炼代表着深度教学实践的基本方向。

（一）深入学科教材本质的反思性教学

学科教材中可供学生学习与吸收的内容很多，但是学科教学必须对学科教材内容进行"量"的压缩和"质"的精选，必须将学科教材中最有价值的内容教给学生，必须引导学生进入学科素材的深处，去领悟学科的精髓与核心。按照布鲁纳的看法，任何学科教学都必须将学科中那些最广泛、最强有力的适应性观念教给学生。这些观念可以把现行的极其丰富的学科内容精简为一组简单的命题，使其成为更经济、更富活力的东西，帮助学生通过对学科深层结构的理解来提升他们分析信息、提出新命题、驾驭知识体系的能力。

无论是学科教材中最有价值的内容，还是学科的精髓与核心，或者是学科中最广泛、最强有力的适应性观念，都是反映和体现学科本质的内容。按照一般的理解，学科本质就是一门学科相对于其他学科所具有的独特规定性，这种独特规定性主要表现在学科的研究对象、研究方法、理论体系和学科价值等方面。针对目前教师在学科教学内容理解和处理方面普遍存在的问题，学科本质可以从五方面加以理解：①知识的产生与来源，这涉及学科的历史；②事物的本质与规律，这主要体现为学科中最为基本的概念与命题；③学科的思想与方法，这是学科的精髓与核心；④知识的关系与结构，这其实就是学科的基本结构；⑤知识的作用与价值。这涉及学科知识本身所具有的意义与价值以及知识背后所凝结的情感、态度、精神与价值观。

明确了学科本质的内涵和外延之后要思考的问题是：如何引导学生深入学科本质的学习中？深入学科本质的学习，既需要学生的直接认识，也需要学生的间接认识；既需要学生顺着去思考，也需要学生反过来思考；既涉及学生对学科的认识，又涉及学生对自我的认识。所有这些都指向一个相同的认知环节——反思。是在这种意义上讲，深度教学就是深入学科教材本质的反思性教学。

（二）触及学生心灵深处的对话式教学

教育养的是人，主要养的是人的心灵，教育的根本任务乃是育心，真正的教育必须走进学生的心灵。如果不能触及学生心灵深处，就难以将教学推进学生的意义领域。人在本质上是一种意义存在物，意义是人的存在之本和发展之源。如果教学不能触及学生心灵深处，各种知识、技能就难以与学生的心灵相遇、交融和贯通，学生便难以获得智慧的提升。如果教学不能触及学生心灵深处，学生就难以发挥自身的学习内源性，深度参与到课堂学习活动中来。在这些意义上，深度教学是触及学生心灵深处的教学。

学生的心灵究竟是什么？学生心灵的深处究竟在哪里？从学科教学的实际操作来看，学生心灵的深处主要是指学生深层的兴趣、情感和思维。因此，教师需要依托学科教材，准确地定位学生兴趣的引发处、情感的共鸣处和思维的迸发处。根据学科教学实践的大量经验，学生兴趣的引发处常常就在学生好奇心和求知欲发生的地方，学生情感的共鸣处通常都能引起学生的动心、动情，学生思维的迸发处又总是与学生所遭遇的问题情境和认知困惑有关。

（三）促进学生持续建构的阶梯式教学

从学习的角度看，深度教学就是要引起和维持学生的深度学习。深度学习就是触及学习本质的学习。在学科教学中，学习的本质可以从学生、内容和过程三个基本方面加以理解：①深度学习必须是触及学生心灵深处的学习，即触及学生深层的兴趣、情感和思维；②深度学习必须是深入学科教材本质的学习；③深度学习必须是聚焦学习过程本质的学习，即聚焦于学习的建构过程。归纳起来，深度学习的实质就是学生的持续建构，包括学科本质、心灵世界和自我意义的不断探究。从教学的角度看，深度教学的本质不是"遮蔽"，而是"发现"，是引导学生不断地发现自然，发现他人，发现社会，最终发现自我和实现自我；深度教学的本质不是"给予"，而是"追寻"，是引导学生不断地追寻知识的意义，追寻世界的意义，追寻自我的意义。不管是"发现"还是"追寻"，其实质都是引导学生持续地建构。在此意义上讲，深度教学就是引导学生持续建构的教学。

"持续建构"需要从目的、过程和条件三方面分析：①持续建构以学科本质、心灵世界和自我意义的探究为终极目的；②持续建构是一个在不同层次上持续向纵深推进的建构过程；③持续建构需要激起学生兴趣、情感和思维的深层参与。引导和实现学生的这种持续建构的关键在于不断创造出学生的最近发展区，让教学走在学生发展的前面。为此，我们需要根据学生的学习与发展水平，为学生设计出渐次提升的学习阶梯。在学生向更高层次的阶梯迈进时，我们需要为学生提供相应的学习支架。显然，引导学生不断建构的深度教学必然是阶梯式教学。

（四）引导学生建构意义的理解性教学

任何教学，都要为学生的发展开路，都要致力于促进学生的发展。任何教学如果不从人的更高层次的发展去理解和展开，所取得的任何结果都将是肤浅的、表面的。发展具有多个层面的内涵，既涉及功利意义上的发展，也涉及本体意义上的发展；既可指他主的发展，又可指自主的发展；既包含短浅的发展，也包含持续的发展。如果教学只是将技能训练和行为强化作为自己的首要任务，它就难以进入学生的兴趣、情感和思维层面；如果教学不能进入学生的兴趣、情感和思维层面，它就无法来到学生的内心深处和意义领域，当然难以对学生产生深远而持续的影响。同样，如果教学只是将学生定格在被塑造、被书写、被灌输的客体位置上，它就无法发挥出对自身发展起着决定性意义的自主性；一旦教学离开了学生的自主能动性，它也就失去了学生持续发展的最根本的动力。因此，针对当下学科教学的突出问题，深度教学就是促进学生持续发展的教学。

首先，学生的持续发展指向人的心灵和精神，指向人的精神世界的丰盈，指向人的生命意义的提升。这是学生持续发展的终极价值。其次，学生的持续发展重在发展学生的学习力。学生的持续发展需要以学习力的培养和提升为前提，学生持续发展的关键在于为学生的学习力奠基。这是学生持续发展的实质内容。最后，学生的持续发展依靠学生的自主发展。学生的持续发展终究需要依靠学生自身的内源性，依靠学生本身的自主性、能动性与创造性，其中的重要任务就是引导学生学会自主学习与自主发展。这是学生持续发展的基本方式。因此，学生的持续发展既是一种意义建构的生长过程，又是一种学习力的生长过程，还是一种基于自主的生长过程。

促进学生的持续发展必须着力于引导学生的意义建构，着力于提升学生的学习力，着力于激发学生的自主性。然而，无论是意义建构的广度、深度，还是意义建构的成功与否，都取决于学生的实际理解力状况。尽管学习力包括学习的动力、毅力与能力等多种学习能量，但理解力无疑是学习力的一个关键方面。从根本上讲，学生的自主学习与自主发展最终都必须在学生的自我理解中，通过自我理解而实现。换言之，学生的持续发展必须经由学生的真正理解之路。难怪布鲁纳主张任何课程的主题都应该由发展学生的基本理解能力来确定，而牛顿干脆将理解作为教学质量的显示器，呼吁"为理解而教"。在这个意义上讲，促进学生持续发展的教学必然是引导学生建构意义的理解性教学。

第三节 中学数学教学的双导双学模式

双导双学教学模式的含义为教师"双导"，学生"双学"，且注重发挥数学教学活动中教师、学生两方面的积极性，即通过"教师主导，学生主体"的教与学相互作用的过程获得最大效益。

一、中学数学中双导双学教学模式的认知

（一）双导双学教学模式的提出背景

双导双学课堂教学模式的提出基于两大背景：一是解决课堂教学中的问题，二是顺应培育学生核心素养的要求。

1. 解决数学课堂教学中的问题

随着教育教学改革的深入，教师的教学理念不断更新。但是，课堂教学仍然存在诸多不足，许多问题必须解决但长期以来没有得到解决，或者一直解决不好。

（1）针对学生被动学习的问题。在一些课堂教学中，学生的主体地位还未得到真正确立，主体作用没能得到充分发挥。学生的学习主动性差，学习积极性不高，表现为在教学活动中，学生遵循教师的指示被动学习。学哪些内容、学这些内容的依据、怎样学习这些内容、要达到哪些要求等，学生是模糊的。其结果就是学生在学习中依赖教师，当没有教师布置学习任务的时候，学生就会无所适从。这极不利于学生的后续学习和终身持续发展。创建"双导双学"教学模式的研究，意在通过课题研究和在教学实践中对学生的引导，培养学生独立学习的能力。具体而言，就是达到学生学习某个学科课程无须教师教，就知道自己该学习哪些内容、采用哪些方法学习、达到何种目标等。

（2）针对教师目标不明确的问题。一些教师教学目标意识薄弱，课堂教学没有明确、集中的教学目标，导致教学针对性差，教师在课堂教学中随意性大，觉得这也该教，学生那也该学，因而不断给自己和学生加码，使教师教得很累，学生厌教厌学情绪突出。

2. 顺应培育学生核心素养的需求

（1）学生核心素养的内容。学生发展核心素养，主要是指学生应具备的、能够适应终身发展和社会发展需要的必备品格和关键能力。核心素养是关于学生知识、技能、情感、态度、价值观等多方面要求的综合表现；是每一名学生获得成功、适应个人终身发展和社会发展都需要的、不可或缺的共同素养。核心素养的发展是一个终身持续的过程。

学生发展核心素养，以科学性、时代性和民族性为基本原则，以培养"全面发展的人"为核心，分为文化基础、自主发展、社会参与三方面，综合表现为人文底蕴、科学精神、学会学习、健康生活、责任担当、实践创新六大素养。文化基础、自主发展、社会参与三方面构成的核心素养与中国治学、修身、济世的文化传统相呼应，有效整合了个人、社会和国家三个层面对学生发展的要求。

（2）学生核心素养的关键能力。从核心素养的组成来看，学会学习是核心素养的重要内容。核心素养由三大素养组成，分别是自主发展、文化基础、社会参与。其中，自主发展又由两个小素养组成，即学会学习、健康生活，学会学习是自主发展的基本前提。一

个人如果没有学会学习的能力，就难以自主发展和无法具备文化基础的获得能力和社会参与能力。学会学习的三个要点是乐学善学、勤于反思、信息意识。

第一，乐学善学。能正确认识和理解学习的价值，具有积极的学习态度和浓厚的学习兴趣；能养成良好的学习习惯，掌握适合自身的学习方法；能自主学习，具有终身学习的意识和能力等。

第二，勤于反思。具有对自己的学习状态进行审视的意识和习惯，善于总结经验；能够根据不同情境和自身实际选择或调整学习策略和方法等。

第三，信息意识。能自觉、有效地获取、评估、鉴别、使用信息；具有数字化生存能力，主动适应"互联网+"等社会信息化发展趋势；具有网络伦理道德与信息安全意识等。

（二）双导双学教学模式的基本走向

1. 双导双学教学模式需要解决的问题

（1）双导双学教学模式解决"教什么""学什么"的问题。课堂教学有效，直至高效优质，必须先解决教师教哪些内容、学生学哪些内容的问题。本模式直指教学目标，选取教学内容，因而解决了"教什么""学什么"的问题。

（2）双导双学教学模式解决"怎么教""怎么学"的问题。本模式从教与学统一的视角着力解决"怎么教""怎么学"的问题，那就是教师主导：导标导法，优化课堂；学生主体：自主实践，学会学习。

（3）双导双学教学模式解决"教得怎样""学得怎样"的问题。优质课堂必须解决"教得怎样""学得怎样"的问题，这就要完成目标——学会。目标是否完成，是评价教学效果的依据。本模式直指这一教学关键问题的解决。

（4）双导双学教学模式解决"教是为了不需要教"的问题。教师的教是为了以后学生不需要教，这就要培养学生自主学习的能力——会学。

以上问题的解决，直面当前教学中的真问题，具有很强的针对性和极大的现实意义。

2. 双导双学教学模式目标的作用分析

教学，要先解决方向，即教学目标问题，方向不对，越是努力，越与目标相去更远，所以方向比努力更重要。瞄准教学目标，开启我们的教学之旅，是教学的起点；通过实施教学的各个环节，完成教学目标，是教学的归宿。教学目标的重要性不言而喻。教学目标有以下四个作用：

（1）"指挥棒"作用。教学目标是教学活动的"第一要素"，对教学有"指挥棒"作用，指导和支配整个教学活动。教学活动追求什么目的、要达到什么结果，都会受到教学目标的指导和制约，教学过程也是围绕教学目标展开的。如果教学目标正确、合理，就会实施有效的教学，否则就会导致无效的教学。

（2）"控制器"作用。教学目标一经确定，就对教学活动起着"控制器"作用：一是表现为约束教师和学生，让教和学凝聚在一起，完成共同的教学目标；二是表现为总体目标制约各个子目标，如高层次教学目标制约低层次教学目标，低层次教学目标必须与高层次教学目标一致。

（3）"催化剂"作用。现在提倡三维教学目标的整合，其中情感、态度、价值观目标可以激发学生的学习动力，对学习起"催化"作用。教师制订教学目标时，一定要研究学生的兴趣、动机、意志，在分析非智力因素上做努力，这样制定教学目标才会对学生产生激励作用，让学生产生要达到学习目标的强烈愿望。

（4）"标杆尺"作用。教学目标作为预先规定的教学结果，自然是测量、检查、评价教学活动的"标杆尺"。教学是包括钻研教材、设计教学、组织实施、反馈评价等环节的系列活动，而评价是其中重要的教学环节，它既是教学活动一个周期的终结，又是下一周期的开始。教学评价主要是检测教学设计时预定的结果是否实现以及实现的程度如何，以便获得调整教学的反馈信息，教学目标的"标杆尺"作用相当重要，必须用好。

3. 双导双学教学模式的时代追求解读

方向问题解决之后，路径与工具又成了教学的主要矛盾。要让学生掌握方法，在以后相似的学习情境中运用方法，这就是"会学"，即学会学习。"会学"较之"学会"层次更高，意义更重大。"学会"是适应性学习，重在接受、积累知识，解决当前问题；学会学习不仅关注学生学会什么，更关注学生怎么学，比"学会"更具基础性、工具性，有助于其后续学习。"会学"是创新性学习，重在掌握方法，主动探求知识，目的在于提出新问题、解决新问题。我们一定要着力于教给学生"带得走"的东西——会学。

中国基础教育课程改革的首要目标为"改变课程过于注重知识传授的倾向，强调形成积极主动的学习态度，使获得基础知识和基本技能的过程同时成为学会学习和形成正确价值观的过程"。这一目标意在解决课程功能、价值取向问题，课程功能的改革强调了要从单纯注重传授知识转变为体现引导学生学会学习、学会生存、学会做人。知识是重要的，专注于知识传授并没有错。但凡事有"度"，不能"过度"。要把握好"度"，就应该了解知识的类型结构。知识分三种：第一，陈述性知识（讲述事实、结果的知识），解决是什么的问题；第二，程序性知识（讲述方法、过程的知识），解决怎么做的问题；第三，条件性知识，解决何时做的问题。中华人民共和国教育部颁布的义务教育各学科课程标准都提出了"三维目标"，目的之一就是解决当前"重陈述性知识、轻程序性和条件性知识"的问题。

（三）双导双学教学模式的具体含义

教学模式就是从教学的整体出发，根据教学的规律、原则而归纳提炼出的，包括教学形式和方法在内的，具有典型性、稳定性、易学性的教学样式。从静态看，教学模式是一种教学结构；从动态看，它是一种教学程序。教学模式反映教学的共性、规范性，是教学实践的提炼与固化。

1. 双导双学的含义

"双导"，即教师在课堂教学中充分发挥主导作用，引导学生明确学习目标，在学习目标的引领下，指导学生掌握一定的学习方法，实现教学的有效直至高效。在本教学模式的实施中，教师需要做两件事：第一，"双导"。导标：指导学生明确学习目标；导法：指导学生掌握学习方法。第二，加强良好习惯的培养，建设优良的班风、学风，对学生进行"核心素养"中"必备品格"的培育。

"双学"，即学生在教师"双导"（导标、导法）的引领下，在课堂中运用相应的学习方法，直指目标，充分自主学习，完成目标，学会学习，形成良好的学习习惯。在双导双学教学模式的实施中，学生也需要做两件事：第一，"双学"。自主学习：直指目标，自主学习，完成目标；学会学习：运用方法，掌握方法，学会学习。第二，形成良好习惯、良好品格，助推学习成功。教师可将适度的小组合作学习训练渗透其中。

2. 双导双学课堂教学模式的含义

"双导双学"课堂教学模式是基于教师"双导"、学生"双学"的课堂教学模式，在课堂教学中充分发挥学生的主动性，通过教师的"导标""导法"，学生通过直指目标的"自主学习"，达到学会；通过掌握学习方法，达到"会学"，从而达到培养学生"学会学习"的学科核心素养的课堂教学模式。

"双导双学"教学模式以教学目标的完成为主线，以教师引导学生实践为过程，以学生完成学习目标和学会学习为取向，从而增强课堂教学的针对性，实现学生学习的自主性，落实教师的主导性，提高课堂教学的实效性，保证学生学习能力的培育，使之在未来学习、终身学习中可持续发展。教师"双导"与学生"双学"在教学过程中紧密交融，构成"师—生""生—师""生—生"多元互动的开放系统，形成一个完整的学习网状结构，使师生成为一个有效互动的学习共同体。

教师在课堂教学中实施"双导"，学生在课堂学习中实践"双学"，学生进行充分的自主学习、适当的探究学习和有效的合作学习，不仅要完成学习目标，做到"学会"，更要掌握方法，达到"会学"。这就是"双导""双学"教学模式的基本内容。

(四)双导双学教学模式的传承创新

1. 传承:能力培养与"三维目标"教学思想

"双导双学课堂教学模式研究",是对中华人民共和国成立以来各学科教学中注重能力培养的传承,是对基础教育课程改革各学科课程中必须完成"三维目标"(其中的"知识和能力、过程和方法"就高度关注学习能力的培养)要求的传承。正因为培养学生自学能力的极度重要性,教师才要坚持传承中国各学科教学都注重培育学习能力的优秀传统。

2. 创新:培育学生"学会学习"的核心素养

双导双学教学模式的创新之处在于:第一,在各学科课程的教学实践中,引导学生形成各学科的学习能力——明白学习内容、明确学习目标、掌握学习方法,使培育学科"学会学习"的关键能力能够落实。第二,操作性很强,各学科的各个教学板块(如数学的概念教学、计算教学和问题解决教学等)怎样实施,不同年段怎样操作,怎样从课内学习向课外拓展延伸等,都有具体的操作策略与方法。

二、中学数学中双导双学教学模式的原则

第一,目标指向原则。数学课堂教学必须以目标为导向,始终指向学习目标,不能游离于目标,更不能偏离目标。换言之,教学全过程的各个教学板块的实施,是完成目标的重要组成部分,为完成目标服务。

第二,师生互动原则。"完成目标"和"掌握方法"是本模式的两个关键概念:①做到"师生"互动,教师把引导目标和指点方法贯穿学生学习的全过程,学生在充分的学习实践活动中始终瞄准目标学习,运用恰当的方法学习;②落实"生生"互动,在学生充分自主学习的前提下,要组织学生有效地进行合作学习,在交流中互相启发,甚至"生教生",智慧共享,共同进步。

第三,反馈矫正原则。反馈矫正有两方面的内容:①本节课的学习内容学生是否学会,是否完成目标,这要通过多种形式,及时地当堂检测,加以验证,并进行及时的矫正、补救;②本节课主要的学习方法学生是否掌握,要做到适时点拨,强化总结。

第四,能力为重原则。教学的最终目标是让学生学会学习。在各学科的教学中,落实让学生"知道学的内容""知道怎么学",形成学习能力,并把这种能力迁移到课外,在没有教师指点引导的情形下也能自学,逐步实现无须教师教也能学习的理想境界,是本教学模式的追求。在实施本教学模式时,教师一定要做到逐步放手,如"教师引导学习目标"的环节,开始的一两周,以教师引导为主,然后就要注重与学生互动研讨,逐步培养学生能够根据教材特点和教学内容确定学习目标、选择学习方法的能力。

第五,因材施教原则。所谓因材施教,是根据学生年龄段特点(主要是学生的知识水平与接受能力),既落实上述教学思想,遵循模式框架,又灵活操作。例如,一课时中有几个教学目标的,低年级可以在一个目标完达成后,再进行第二个目标;高年级则可以在学生扣住目标自学后,再集中检测达标情况。

三、中学数学中双导双学教学模式的环节

第一环节:教师"引导学习目标",学生"明确学习目标",时间为5分钟以内。①辅助环节:或创设情境,或开门见山,引出新课,板书课题。时间为1分钟左右。②根据数学教学内容,师生合作互动,明确学习目标(开始的一两周时间,以教师为主;然后逐步放手,引导学生主动明确目标)。时间为3分钟左右。

第二环节:教师"引导学习,点拨方法",学生"自主学习,运用方法"。时间约为15分钟。①根据制订的学习目标,教师点拨主要的学习方法。时间为2分钟左右。②学生运用方法,开始自主学习。时间为8分钟左右。③学生小组合作学习:主要是交流自主学习的成果,然后推选代表全班交流。时间为5分钟左右。

第三环节:教师"检测目标,强化方法",学生"完成目标,掌握方法"。时间约为20分钟。①教师组织各小组全班交流,相机进行点拨、更正、完善。时间为5分钟左右。②检测达标情况。检测的方式分口头(如数学展示思维过程的口述等)与书面(各种书面作业)两种。及时反馈,对不达标的知识点、能力点进行补救;对错误之处进行矫正。时间为12分钟左右。③学生回顾本节课的学习收获,师生共同总结学习方法。时间为3分钟左右。

四、中学数学中双导双学教学模式的内容

(一)制订学习目标

第一,教师活动。教师引入学习,引导目标:①或创设情境,或开门见山引入新课;②引导学生明确本课时学习目标。

第二,学生活动。学生进入学习,明确目标:①齐读课题;②在教师引导下主动明确学习目标。

第三,环节用时与操作策略。教学时间为5分钟左右,明确目标由"扶"到"放":模式实施起始阶段教师充分主导,甚至可以讲,逐步过渡到由学生自主确定目标,教师协助、把关。

(二)寻找学习方法

第一,教师活动。教师督促学生自学,点拨方法:①教师点拨主要学习方法;②教师

巡视指导。

第二，学生活动。学生运用方法，自主学习；小组内合作交流，并推荐同学准备全班交流。

第三，环节用时与操作策略。教学时间为15分钟左右，教师点拨学习方法，让学生自主学习的过程更富有实效性。

（三）巩固学习知识

第一，教师活动。教师检测学习目标，总结方法：①教师组织学生在全班交流，在交流中点拨、完善；②检测达标（各学科根据学科特点分口头和书面两种检测形式）；③针对检测中出现的问题及时反馈、矫正或补救；④引导学生总结学习方法。

第二，学生活动。学生完成目标，掌握方法：①学生代表在全班交流；②全班同学接受达标检测；③及时反馈检测情况，及时纠正错误；④在教师引导下逐渐掌握学习方法。

第三，环节用时与操作策略。教学时间20分钟左右，做到当堂完成作业，总结方法由"扶"到"放"：模式实施起始阶段教师引导学生总结，逐步过渡到由学生自主总结，一课时中有几个教学目标的，低年级可以在一个目标完成后再进行第二个目标；而高年级则可以在学生扣住目标自学后，再集中检测达标情况。

五、中学数学中双导双学教学模式的应用

（一）数学概念课型的双导双学教学模式

1. 制订学习目标

（1）教师活动。引导学习目标：创设情境、复习旧知，使学生感知教学目标，为提出数学问题创造条件，导入新课。

（2）学生活动。明确学习目标：在生活经验或者旧知的引导下，感知学习目标，能够根据具体的教学内容，提出（或由教师提出）数学问题，衔接新知。

（3）环节用时和操作注意事项。① 环节用时：5分钟以内。② 操作注意：明确目标可由教师提出，也可以充分让学生自主定目标，教师把关。

2. 寻找学习方法

（1）教师活动。教师引导学生学习并点拨方法：①把教学目标转化为数学问题，引导学生围绕数学问题独立探究或小组合作学习；②教师巡视指导，依据自身的教学经验，估计或发现学生存在或可能存在的错误；③组织学生汇报学习。

（2）学生活动。自主学习，运用方法：①围绕数学问题，运用方法，自主学习或小

组合作学习；②在独立探究之后，全班交流，师生互动，生生互动。

（3）环节用时和操作注意事项。①环节用时：10分钟以内。②操作注意：动手操作，让学生在活动中探索；小组合作学习，讨论交流汇报，让学生参与形成概念的分析、比较、抽象、概括等思维活动，理解概念；掌握概念，形成技能。

3. 突破学习难点

（1）教师活动。质疑问难，归纳小结：围绕目标重点、难点，质疑问难，引导学生理解目标、掌握方法。

（2）学生活动。理解概念，掌握知识：从概念的发生、发展经历学习过程，并达到理解的水平。

（3）环节用时和操作注意事项。①环节用时：20分钟以内。②操作注意：多种形式强化数学概念的巩固；完成目标，掌握学习方法。

4. 运用学习技巧

（1）教师活动。运用知识，巩固练习：围绕目标设计练习：模仿练习、变式练习、综合练习、解决问题。

（2）学生活动。运用知识，巩固练习：在练习经历由简单到复杂的过程中，达到熟练或比较熟练的学习水平，建立新的认知结构。

（3）环节用时和操作注意事项。①环节用时：5分钟以内。②操作注意：运用知识和学习方法，完成目标；与易混易错知识反复对比区分，让知识得以内化。

（二）数学计算课型的双导双学教学模式

1. 制订学习目标

（1）教师活动。围绕教学目标，提出问题：创设情境，通过教材的主题图或生活问题，围绕目标，提出数学问题，引出新知。

（2）学生活动。明确学习目标：在生活经验或主题图的导向下，感知学习目标，提出数学问题（也可以由教师提出）。

（3）环节用时和操作注意事项。①环节用时：5分钟。②操作注意：明确目标可由教师提出，也可以充分让学生自主定目标，教师把关。

2. 寻找学习方法

（1）教师活动。独立探究学习，掌握算法：教师要勇敢地退出，要求学生在已有知识和教学情境的作用下独立探究学习。

（2）学生活动。自主学习，运用方法：以复习内容为基础，独立计算，掌握或基本掌握计算方法。

（3）环节用时和操作注意事项。①环节用时：10分钟。②操作注意：学生尝试，教师点拨学习方法，让学生明确领会算法。

3. 突破学习难点

（1）教师活动。质疑问难，理解算理：教师针对学生在汇报中反映的计算的难点和容易出错的问题提出疑问，引导学生不仅要掌握算法，还要理解算理，归纳计算方法。

（2）学生活动。完成目标，掌握方法：围绕重点，突破难点，学生小组交流，全班交流，使学习达到理解的水平。

（3）环节用时和操作注意事项。①环节用时：10分钟。②操作注意：让学生自主学习，探究算法的最优化；注重探索算法、算理的同时，还应注意算法多样化与最优化的统一。

4. 运用学习知识

（1）教师活动。运用知识，巩固练习，围绕目标设计练习：模仿练习、变式练习、综合练习。

（2）学生活动。运用知识，巩固练习：在练习经历由简单到复杂的过程中，达到熟练或比较熟练的学习水平，建立新的认知结构。

（3）环节用时和操作注意事项。①环节用时：15分钟。②操作注意：教师要使学生当堂完成作业，并让学生进行自主总结，还要注意本节课的难易程度。

（三）数学解决问题课型的双导双学教学模式

1. 制订学习目标

（1）教师活动。引出学习目标：①创设情境，复习旧知，提出问题；②围绕问题，导入新课，揭示课题。

（2）学生活动。明确学习目标：①在情境和复习中初步感知学习目标；②在问题的导向下，目标定向，解决学习内容的问题。

（3）环节用时和操作注意事项。①环节用时：5分钟以内。②操作注意：教师和学生共同提出目标；明确目标由"扶"到"放"，模式实施起始阶段教师充分主导，逐步过渡到充分由学生自主确定目标，教师协助把关。

2. 寻找学习方法

（1）教师活动。独立探究或小组合作学习：以问题为线索，要求学生独立解决问题，并在探究学习的过程中掌握解决问题的基本方法。

（2）学生活动。独立探究或小组合作学习：能够在已有知识的基础上，运用恰当的方法，通过自己或小组合作解决问题或基本解决问题。

（3）环节用时和操作注意事项。①环节用时：15分钟以内。②操作注意：教师点拨，学生自主学习；小组合作，交流探究解决问题的基本方法，鼓励解决问题策略的多样化；教师根据具体情况点拨学习方法。

3. 突破学习难点

（1）教师活动。质疑问难，掌握方法：教师组织学生汇报、交流，在交流中就问题的结构和思路两方面提出疑问，引导学生理解思路，在释疑的前提下掌握方法。

（2）学生活动。明晰思路，掌握方法：以综合法和分析法为解决问题的基本方法，明确通过题设（条件）可以解决什么问题；通过结论（问题）知道需要什么条件，掌握常用的数量关系。

（3）环节用时和操作注意事项。①环节用时：10分钟以内。②操作注意：学生汇报，在交流中引导学生理清思路，掌握学习方法；掌握常用的数量关系，总结方法，解决问题；探究方法的最优化。

4. 运用学习知识

（1）教师活动。运用知识，巩固练习，围绕目标设计练习：模仿练习、变式练习、综合练习、解决问题。

（2）学生活动。运用知识，巩固练习：在练习经历由简单到复杂的过程中，达到熟练或比较熟练的学习水平，建立新的认知结构。

（3）环节用时和操作注意事项。①环节用时：10分钟以内。②操作注意：回顾与反思，运用学习方法；练习由易到难，熟练合理地运用方法。

第四节　新课程背景下中学数学教学的情境模式

新课改以来，教育教学更加注重培养学生的个性化和素质教育的发展，更加注重学生能力的培养和兴趣的提高，同时对学生课堂参与和互动等都进行了一定的创新和优化，教育教学模式更加科学规范化，方式更加多样化，理念更加先进化。在新课改的大背景下，探讨情境模式教学，不仅是弥补传统课堂教学模式的不足，更是一种创新教育教学方法的尝试。

一、新课程背景下中学数学教学情境模式的创设原则

第一，把握好"情"的原则，将"情"贯穿到整个教学过程中。以往的教育教学研究，主要是针对教育教学的方法、过程和结果的研究，对于课堂上学生的情感研究还有所欠缺。

"在中学数学中，实施情境教学方法，将学生和教师在教学中的情感参与作为研究对象，既可以增强师生之间的情感，也有利于增强课堂的活跃度，为课堂增加生机。"[1]情境教学，最重要的是把握好"情"的原则，将情感贯穿到整个教学过程，以情感为纽带构建情境。这种新型的教学方法，有助于学生将情感投入整个课堂教学。教师通过情境教学中的情感渲染、暗示，可以建立和谐的关系，对学生的优点及时进行表扬，尊重学生的不同意见，这些都可以在很大程度上激发学生的学习兴趣。

第二，以"人"为本，将课堂转化为互动乐园。相比较传统的教学方式，情境模式教育教学方法更加注重在教学中坚持以人为本。在教学过程中，教师不再站在课堂上进行授课，然后利用题海战术和作业战术对知识进行巩固，而是通过创设一种情境来增加师生之间的互动，以学生为主体开展教学，教师在课堂中注重对课堂节奏的把握和对学生的引导。

二、新课程背景下中学数学教学情境模式的问题与对策

第一，部分教师在创设情境教学时缺乏与数学知识相结合的技能。随着新课改的推进，越来越多的数学教师意识到了情境教学的重要性，特别是在培养学生独立思考、增强学生数学体验以及激发其积极的情感、态度与价值观等方面都有着非常重要的作用，但在具体实施环节，部分教师在创设情境教学时缺乏与数学知识相结合的技能，具体表现是：部分教师在情境创设时只注重形式，如虽然一堂课下来学生了解了公式的应用技巧，却不清楚一些简单的数学概念和原理，这体现出部分教师虽然了解情境教学的益处，但在具体实施环节缺乏细节的设计以及与数学知识相结合的技能，因此在具体实践环节还需要数学教师结合实际加以改进。

第二，创设的情境缺乏多样化。目前许多教师在课程开始时都会创设情境，也有许多教师喜欢借鉴其他教师的情境教学模式，但在创设情境方面缺乏创新性，容易出现千篇一律等现象。对此，我们在创设情境模式时，首先必须确立创设情境的目的；其次，在创设情境时要结合本班级和本地区的实际，也就是加入一些本地区实际的特色案例，这样可以使内容更加多样化；最后，在教学手法上加以创新，多媒体教学、小组讨论、翻转课堂、区角教学等多种教学手法都可与之配合，在手法和开展形式上可以采取多种形式，也可以在课后进行延伸。

总而言之，创设中学数学情境，开展情境教学，不仅能够激发学生的学习兴趣，更能从多方面培养学生的能力，提升他们的技能。目前，虽然在创设情境方面取得了一定的进步，但也存在一些问题，特别是具体实施环节，部分教师在开展形式和选择内容上缺乏创新，教学形式缺乏多样化，无法培养学生的学习兴趣等，这些都需要我们及时在实施环节中解决，只有这样才能实现理想的教学效果。

---

[1] 祝艳艳. 探讨新课程改革下的中学数学情境模式教学 [J]. 课程教育研究，2018（8）：143.

第六章　新课程背景下中学数学教学方法

第一节　中学数学教学方法的具体选择

一、根据年龄特征选择中学数学教学方法

初中生展现出了更大的学习潜力，而且在课堂中，注意力更容易集中，学生可以从自己的角度出发控制学习，该阶段，学生基本能够做到形象和逻辑思维之间的结合运用，在持续的学习中，学生会慢慢地形成逻辑思维。所以对于初中数学学习来讲，重要的内容是激发思维，培养学生的思维，综合运用多种教学方法帮助学生的思维更好地发展。在数学教学过程中，如果只使用一个方法，那么学生学习可能会形成惰性。与此同时，课堂气氛很难调动，学生的学习效果很难提升，而且学生很难做到全面发展。所以教学过程中，最好综合运用多种教学方法，保证学生有浓厚的学习兴趣。

二、根据教材内容选择中学数学教学方法

不同的章节，学习的数学内容存在差异，所以，教学方法的使用也应该是多元的，不应该是固定的，教师应该按照数学学习内容的需要选择适合的方法。如果教材内容的讲解涉及教具的使用，那么教师应该尽可能地使用教学工具让学生直观地理解数学内容，让学生以形象为基础慢慢地形成数学思维。具体来讲，如果是例题课程，那么教师可以运用演示法、启发法以及讲练结合的方法开展教学；如果是概念教学、定理教学，那么教师可以引导学生自学；如果是习题课程的讲解，那么教师可以运用提问法或者剖析法，引导学生慢慢地找到问题的答案；如果是复习课程，那么教师可以引导学生使用自学法或者归纳法学习。

三、根据学生基础选择中学数学教学方法

教学需要教师和学生共同参与，所以教师选择的教学方法会直接影响到学生的学习成果。因此，教师应该选择最适合的教学方法。教学方法是否合适，主要是看是否适合学生需要，是否符合学生当下的学习基础，教师需要在了解学生当前学习状况的前提下，选择适合的方式。如果教师发现学生学习基础不牢固，就不应该过多地运用自学法；如果学生的基础知识掌握得非常好，那么教师可以适当地使用自学法。通常情况下，如果学生基础

知识掌握得不牢固，教师应该更多地运用启发法或者座谈法，这些方法可以降低学生的学习负担，更好地吸引学生的关注，让学生养成对数学学习的兴趣。如果学生的基础知识掌握得相对牢固，那么教师可以更多地引导学生主动发现、主动解决问题，这样的教学方法可以获得更好的教学效果，还能够培养学生的数学思维。

数学教学过程中，很多情况下都需要教师结合学生实际情况以及教学内容选择适合的数学教学方法。举例来说，如果教师发现要学习的新内容和学生已经掌握的旧知识之间存在较多的联系，那么，教师可以运用类比的教学方法。如果教师发现两个知识点相似之处过多，但是又存在关键性的不同，这时教师可以运用对比的教学方法。

教学虽然有一定的规律，但是没有固定的方法遵循。教师需要结合实际，选择适合的、科学的方法。虽然不同的方法针对的教学内容不同，用途也存在差异，但是，方法之间是存在联系的，它们可以相互辅助，共同帮助教师和学生获得更好的教学效果。所以教师也可以综合运用多种方法，巧妙搭配教学方法，让教学方法发挥更大的作用，让教学总目标更好地完成。

第二节 中学数学教学的常用方法

一、引导发现法

引导发现法需要教师考虑到教材结构、学生能力、学生掌握的知识数量等基础情况，然后在此前提下，引导学生慢慢地发现知识、发现问题的解决方法、发现问题的规律，进而完成知识学习过程。

在引导发现法中，教师的作用至关重要。引导发现法可以分为三步，分别是引导、发现以及教学。"引导"要求数学教师引导学生意识到问题，引导学生参与数学实践，引导学生做知识的归纳。数学知识并不是固定不变的，会循序渐进地变得越来越难，在知识的扩充以及延伸的过程中，学生会学习到新的知识法则。所以，数学教师在引导学生学习的时候，要让学生以原有的数学知识为前提，在此基础上去吸收新的知识，并且将新知识和旧知识合理地结合。在引导这一环节中，数学教师需要合理地组织学生，在适当的时候指导学生，并且给予学生鼓励，激发学生的兴趣。在引导的过程中，数学教师需要以学生为主体培养学生的兴趣，帮助学生解决疑难问题，让学生全身心地投入数学探究活动，如此，学生才能真正地掌握数学能力，学习了解数学知识。在教师的有效指导过程中，学生的情感和知识的学习将会达到平衡统一的状态。

"发现"指的是学生发现新的数学问题、新的数学知识的过程。发现代表学生是学习主体，进行了主动的探索和思考，在实践中找到了数学问题，并且尝试了解决数学问题。在发现环节，教师可以让学生独自开展研究，也可以让不同的学生组成学习小组进行探究。

"教学"指的是教师的教学活动。教师开展的教学活动不是单纯地讲解数学知识，数学教师需要设置数学学习情境，通过情境引导学生学习、发现、探索、实践。在探索过程中，学生无论是动脑能力还是动手能力都得到了有效培养。与此同时，学生也能学习到正确的价值观念。

二、单元教学法

传统的数学知识学习过程中会先学习具体知识、特殊知识，然后再去学习抽象知识、一般知识，这样的教学方法有助于学生精细化地掌握知识，但是，不利于学生系统地学习知识。单元教学法指的是从单元的角度整体地看待知识，在教学的过程中让学生了解不同概念、定理之间的联系，这有助于学生系统化地掌握知识，有助于学生形成系统化的数学能力。

数学单元教学设计让数学教学从静态的、个人的教学变成了动态的、集体的教学。具体来讲，它的特征主要有以下三点。

（一）整体关联性

数学单元教学具有的整体关联性表现在两个层面：首先，知识内容层面，指的是数学单元教学方法会将相对零碎的知识整合到一个单元中，以此来帮助学生整体地、系统地学习数学知识，建立数学知识结构；其次，教学安排层面，数学教师在做教学安排的时候，需要从单元角度、整体角度进行教学设计，这样数学教师才能统揽全局，才能将一个个分解的教学活动汇聚起来，构建出完整的数学教学系统。

（二）动态发展性

数学单元教学设计呈现出了动态发展性特点，在实施数学单元教学计划的过程中，计划实施不可避免地会出现一些问题，这时就需要数学教师调整教学方案或者计划，以此来保证教学方案在实施之后能够完成教学目标。

（三）团队合作性

教学单元设计需要多名数学教师共同合作，如果让一名数学教师单独承担单元教学设计工作，那么教师可能会面临较大的困难。所以数学教研组应该组织教师邀请学者或者邀请其他专家共同参与单元教学设计，共同设计修改。在团队的共同努力下，数学单元教学设计会得到持续的完善和优化。

三、自学辅导教学法

自学辅导教学法是我国教育学者借鉴美国心理学家提出的"操作条件反射说"考虑我国教学需要而提出的教学方法。自学辅导教学法认为应该培养学生的学习主动性、学习能动性,让学生形成自主开展数学学习活动的能力。

(一)自学辅导教学法遵循的原则

自学辅导教学法的应用应该遵循以下原则要求:

第一,班定步调和自定步调之间应该相结合、相一致、相统一。二者的统一使原本对立的班集体发展和学生个别化发展这一矛盾得到有效解决,教师可以在开展整体教学的同时辅助学生的个性化发展。

第二,学习应该以学生的自主学习为主,教师应该发挥辅助作用、指导作用。此项教学原则可以让教师的教和学生的学同时进行,可以有效保证学生的主体地位,避免学生被动地参与学习。在这样的情况下,学生也更容易形成自学能力,养成自学习惯。

第三,启、读、练、知、结彼此联系,彼此结合。教学方法和教学模式之间应该相互匹配,与此同时,教学模式的使用也要符合教学情境的需要。

第四,使用现代化技术来突出数学内容的直观。在科学技术快速发展的情况下,教学可以使用的辅助手段越来越多,如可以利用电视、计算机或者投影的方法帮助学生更生动地学习数学知识,这在一定程度上提升了学生对数学学习的兴趣。

第五,借助变式复习的方式加深学生对知识的理解和记忆。心理学知识指出,人会慢慢地遗忘之前学习过的技能或者知识,如果想要永久记忆知识,需要不断复习、不断重复。

第六,加强学习兴趣、学习动机。学生参与学习主要是受到学习动机的推动,只有产生了自我学习需要之后,学生才会展现出更大的学习意向、学习兴趣。

第七,自我检查和他人检查结合运用。自我检查可以让学生对自己有清晰的了解,教师应该引导学生经常进行自我检查,形成自我检查习惯,当学生慢慢地养成自我检查习惯之后,他人检查在检查中所占的比重就会慢慢下降,当学生能够做到完全自我检查时,就已经形成了自学能力。

(二)自学辅导教学法的教学模式

自学辅导教学法是以"启、读、练、知、结"教学模式为基础而形成的教学方法,这种教学方法致力于让学生形成更强的自学能力,让师生都能够积极主动地参与到学习过程中。在这种教学方法下,学生将会越来越有自信,也将会形成良好的自学习惯。

"启"指的是教师在开启一节课时使用的语言,教师需要借助语言启发学生,带领学生进入新的知识学习情境,让学生了解到学习目的。这一部分语言的运用是为了激发学生的兴趣，让学生形成学习动机。一般情况下，这部分需要花费5分钟。

"读"指的是让学生阅读。通过阅读，学生可以对知识内容有一定的理解，在阅读的过程中，学生也可以完成自学提纲当中提出的问题。阅读有助于学生形成学习兴趣，有助于学生将注意力放在学习上，也能够让学生意识到自己对知识的了解程度。通常情况下，阅读分为三个步骤：教师领着阅读、学生根据提纲导读、学生独立阅读。

"练"指的是学生进行脑力训练、动手训练。经过练习之后，学生基本能够做到落笔准确。学生在根据自学提纲完成问题解答之后，教师需要检查学生的答案，并且让学生使用自己学习到的知识展开自我检查，如此会极大地提升学生对知识的理解程度、认识程度。

"知"指的是学生在学习的时候了解到了具体结果。在学习过程中，学生的阅读、练习以及知识交替地、轮流地进行。教师在这一阶段应该允许学生独立思考，这一部分大概需要花费30分钟。

"结"指的是总结。课堂总结可以由教师进行，也可以由学生进行，还可以是学生总结之后，教师做一定的补充和归纳。通常情况下，这部分需要花费10分钟。在这10分钟之内，教师应该允许学生先自由讨论，然后总结归纳。

四、数形结合思想方法

数学是对现实世界中的空间形式以及数量关系进行研究，通常情况下，把数量关系简称为数、把空间形式简称为形。数学研究当中的数形存在紧密的联系。数学关系虽然抽象，但是数学关系当中往往蕴含着相对直观的几何含义，而直观形式的图形也可以借助数量的方式被描述、被展现出来。也就是说，借助一定的条件，数形可以完成转化；而且在开展数量关系方面的研究时，经常会借助直观图形的帮助。在研究具体图形时，也经常使用数量关系去分析。虽然数形属于两个不同的研究方向，但是它们彼此统一。中学数学会学习很多的数形结合方面的问题，数形结合这一思想方法也经常应用在数学学习中。数学学习过程中，问题的解决经常需要依赖数形之间的转化，可能是由数量关系转化为空间图形，也有可能是由空间图形转化成数量关系。

使用数形结合方法分析数学问题，学生既可以了解到问题当中隐含着的代数含义，又可以发现问题下蕴含着的几何直观现象。在具体的数学问题解答过程中，经常使用数形结合方法，这种方法为学生解题提供了新的思路，学生可以通过数形之间的转换探寻规律，灵活地思考和运用知识。使用数形结合方法，困难的问题往往可以被转化成简单的问题，解题过程中，学生会感觉思路更加开阔。具体来讲，使用数形结合思想方法时，应该遵循以下七个应用原则：

第一，量变到质变的应用原则。教师在引导学生了解数形结合方法时，应该精心设计，让学生慢慢地接受数形结合思想。数学思想方法是透过现象看本质的抽象方法、概括方法，所以不同的数学概念之间转化时，也需要学生认识本质、了解本质，这样学生才能发现不同概念之间的关联，才能正确地掌握数学运算关系，了解数学结构，真正掌握数学思想方法的运用。但是，也正是因为数学思想方法具有抽象性、概括性，所以在具体学习数形结合思想方法时，很难找到一种确定的学习形式，通常需要进行一定的数量练习之后，才能让学生慢慢地意识到该方法的运用。所以，教学过程中，思想方法学习应该注重从量变转移到质变。

第二，启发性原则。教师在引导学生学习的过程中应该注重启发学生，让学生认识到概念的具体形成过程，而且教师应该以发展的眼光去看待学生的学习过程，根据学生的实际学习情况引导学生发展，启发学生成长。启发的目的是让学生形成科学的思维，让学生具备数学探索精神，让学生掌握探索方法。数形结合的启发性最重要的是鼓励学生，让学生敢于思考、敢于提问，学生在习惯思考之后，就会慢慢地形成独立思考习惯。

第三，等价性原则。该原则认为数形之间的转化是等价的，用图像表示问题和用数量关系表示问题获得的结果应该是一致的。在绘制图形的过程中，如果图形绘制不准确，那么会在一定程度上影响问题的解答。这时，需要借助数量关系来刻画出准确的数学图形，避免解题失误。

第四，双向性原则。该原则指出，分析问题时既要进行数量方面的抽象思考，也要进行几何图形方面的直观分析。一般情况下，代数关系更占优势，它可以避免集合空间的局限，但是几何图形可以给人更直观的感受。所以综合来看，数量关系和几何图形达到了某种程度的和谐统一。

第五，简洁性原则。该原则要求数形转换的过程中尽可能地追求简单方便。也就是说，尽可能做到几何图形的完整以及直观，也尽可能地追求数量运算方面的简便，这样可以在一定程度上降低题目难度，节约解题时间。通过数形转化，数学难题可以转化成简单题目，在转化的过程中，学生也可以看到数学问题解决的创新性。

第六，直观性原则。该原则指出应该利用图形以及坐标轴的方式将数学问题转化成图形演示的方式，以此来让抽象的题目变得更加具体化、更加直观化。举例来说，积分问题的学习过程中，教师可以引导学生先认识积分和面积的关系，在学生有了一定的直观了解之后，再引导学生去学习积分方面的数量关系知识。

第七，实践创新原则。在数学学习过程中，思想方法的了解和掌握是最为抽象的，思想方法的运用要求灵活，没有办法直接照搬和复制。教师在引导学生学习和掌握数学思想方法时也需要创新，使用学生能够接受的方式，引导学生正确运用数学思想方法。在学生做一定数量的直观感知、细心观察、数据处理、抽象概括、空间想象、归纳整理、反思建构等过程之后，会形成更强的数学思维能力，也能够做出更清楚的判断，这时就基本能够自如地运用数形结合的数学思想方法。

第三节　中学数学教学方法的学生学习方法

一、中学数学教学中的自主学习方法

（一）做到学教互动，少教多学

教师要减少语言的密度，精讲、精问，把学习的主动权和不该占用的时间都还给学生，教师要变"教"为"导"，学生要变"听"为"学"，鼓励学生质疑，引导学生合作探究，力争做到学教互动，少教多学。

1. 质疑展示，点燃智慧

课堂的第一个环节是质疑展示：学生可以提出自主学习的疑问，其他学生给予解答，教师给予点拨。学生可以展示自主学习中的收获，其他同学给予补充，教师帮助他们提升。在这一环节，教师也可进行提问反馈，而且要以提问班级后进生为主，一方面，可以显示问题，大家共同探讨，引导学生发现自己同学的学习误区或者更科学的解法，对后进生起到促进作用，对优生起到培养发现问题的能力和求异思维的能力的作用；另一方面，如果这部分学生会做了，那么其他学生肯定也能完成得较好，这样能起到学情反馈的作用，也激励了学生自主学习的热情和学习效率。问题是思维的起点，高质量的问题是高品质数学学习的"驱动器"。只有通过问题的解决，学生才能理解和掌握知识、感悟思想方法、锤炼思维、磨砺心智、提升观念、丰富情感。为此，教师要鼓励学生大方、大声地畅所欲言，乃至激烈争辩。只有这样，学生才能加深对知识的理解，才能碰撞出智慧的火花。

2. 合作探究，共同发展

课堂的第二个环节是合作探究：教师根据教学内容的重点、难点、疑点，结合学生的实际，组织学生合作探究，把课堂教学内容整合成既是学生自主学习中的问题解决，又是新问题的研讨交流，这一环节旨在让学生在"知其然"的基础上"知其所以然"。具体做法如下：

（1）动态分组。将全班学生按照学业水平、学生性格、个性差异、性别等分成10个小组，每个组4～5人，平均素质同等。合作探究时一般是"围坐型"，这可使学生在融洽的学习气氛中自主讨论。每组均有一名组长组织组员学习，引导组员讨论教师布置的问题。同时，教师作为参与者，应主动加入学生的讨论、交流之中。作为指导者，要对学生的讨论、交流不断地起促进和调节作用，将问题不断地引向深入。这一过程是学生主动构建、积极参与的过程，是他们真正学会"数学思维"的过程，也是其个性心理品质得到磨砺的过程。

（2）汇报交流成果，揭示规律。在以学生为主、教师为辅的前提下，引导学生小组

汇报他们探究的成果，并让学生总结、揭示规律。学生根据教师提出的问题在小组内交流自己的观点和看法，相互启发，相互促进，全员参与，全过程参与。在组内交流的基础上再在班上交流、探索，使问题的认识和解决向更深入的层次推进。例如，七年级的有理数加法法则，有些组的同学只探究出同号两数相加的法则，有的组只探究到异号两数相加的法则，也有的组提出：若两个数互为相反数，则和为0。各组汇报成果之后，他们就会发现自己探究的加法法则不全面，漏掉了某些情况，学分类讨论不够全面，但全班探究的成果合在一起就全面了，也让学生懂得了合作学习。不同的学生有不同的思维方式、不同的兴趣爱好以及不同的发展潜能，教学中应关注学生的个体差异，允许学生思维方式的多样化和思维水平的不同层次，对于学生观点的分歧，一方面，教师要引导学生分享彼此的思想和观点，并重新审视自己的想法；另一方面，教师要善于抓住学生的想法，启发学生关注问题的重要方面，进而统一认识。

3. 点拨启思，积极思考

课堂的第三个环节是点拨启思：教师以"夯实基础和提高能力并举"为原则，精选例题，精讲例题。教师的讲解重在点拨，要给予学生及时的肯定，鼓励学生深入思考，如果分析得不全面，教师便可以加以点拨，点拨要做到"点得恰当，拨得适度"。与其他的问题进行联系渗透，通过变更题目的条件或结论引导学生学会运用，引导学生交流解题、变题的体会，这一环节旨在引导学生构建新知识体系，在夯实基础的前提下延伸拓展，提升能力。

4. 当堂训练，及时巩固

当堂训练、及时巩固环节旨在达到当堂反馈、诊断教学、及时弥补的效果。教师要立足教学目标和教学内容设计检测题，进行有针对性地同步训练，题目要典型，应该以中档题为主，包含课前"预习案"中显示的错误类型，适当有提高题和拓展题，以符合不同层次的学生的需要，既要能让优等生充分学习，又要能让困难生加强巩固。在练习时，教师在教室内巡视学生答题情况，多关注基础薄弱的学生，发现他们解题困难或解题出现偏差时，可以单独辅导，做到让每一个学生都有所收获。

5. 反思小结，拓展延伸

教师应引导学生进行反思，对知识进行整理，对规律进行总结，对思想方法进行提炼，形成观点，这一环节要尽可能让学生自我总结、自我评价和对"评价"进行再评价，让学生做的、说的尽可能多些，让学生之间相互补充、完善、提高，构建自己的知识体系，教师主要起启发、引导作用。同时，教师应重视引导学生把问题的探索和发现延续到课尾，让学生再提问，以便课后进一步去探索、去解决，从而培养学生的实践能力。生活中处处有数学，数学来源于生活，又解决着生活中的各种问题。我们可以开放教学，建立大课堂教学观。

（二）做好自主学习，以学定教

1. 设计"预习案"，做好自主学习的导向

自主学习型高效课堂是以"预习案"为载体，所以先要根据学生的实际情况精心设计"预习案"。现行教材的内容编排符合学生的认知规律，图文并茂，文字浅显易懂，已经为学生设置了很好的内容环境，学生只要认真阅读，绝大部分的书本知识是能够看懂的，但要充分利用好这一资源，还需要教师做好有针对性的阅读指导。例如，教师通过精心设计"预习案"，根据教学大纲和本市中考的命题趋势预设学习目标，让学生自主学习，有目的、有针对性地进行预习，并且通过完成配套的练习题检验学生自主预习的效果，并给学生提出问题与疑惑的机会，减少学生自主学习过程的盲目性和随意性，使预习不再是敷衍的学习任务，避免浪费时间，提高自主学习的效率。

"预习案"的编写是在全体备课组教师集体备课的基础上，由每一名教师再做微调而最终定稿的，以求最大限度符合本班学生的实际学习情况。"预习案"的内容结构分为以下方面：

（1）预习目标及要求。使学生明确预习的目标及要达到的要求，使学生在预习的过程中做到"心中有数"，知道自己要学哪些知识，应达到怎样的标准，以及如何达到这些标准。

（2）阅读课本。科学合理安排预习量，使学生明确本课时预习的书本范围，不增加学生课后学习负担；教师应指导学生"三读"课本。粗读：第一遍整体浏览课本内容，了解有哪些知识点，教材的结构如何；细读：第二遍把书读厚，边读边思考，仔细推敲每一个知识点、每一道题；精读：第三遍把书读薄，在重点、难点和疑点上深入钻研。

（3）基础的定义与练习。此部分的练习题主要针对的是与教材例题接近的同一个类型的简单题型，让学生做练习题，了解学生对定义的掌握情况，也就是要了解学生应用知识的程度，让学生把理解起来有困难的定义和知识点提出来，教师可以将这些问题作为准备下节课的根据。获取知识虽然非常重要，但更重要的是获取知识的全过程。所以，教师在准备练习题时应该把学生的认知特征与年龄特征作为依据，为学生设计较为开放和探索性的问题，让学生拥有独立思考的机会，使学生在对问题进行查看和猜想、实验与总结、研究与整合期间能清楚地明白如何提出一个问题、怎样形成一个定义、如何猜想与探索一个结论、怎样应用探索出来的结论。"通过这样的形式，让学生真正做到快乐地动起来，主动地学起来，创造性地做起来。"[1]

---

[1] 张宗龙. 初中数学教学与管理研究 [M]. 西安：世界图书出版西安有限公司，2017：40.

（4）预习收获（谈感想、讲疑惑）。知识是完全可以由学生自主学习获得的，只要教师事先做好充分的准备，将目标设定在学生的"最近发展区"，学生就一定会跳起来摘果子，也一定能摘到果子。教师要鼓励学生在自主学习过程中主动进行知识建构，有意识地将新知识纳入原有的知识体系，从而构建新的知识体系。在这部分栏目中，同样留给学生提出问题、抒发困惑的空间，培养学生发现问题、敢于提问的习惯。此外，教师要鼓励学生在自主学习的过程中多问自己"为什么"，在深入思考的基础上提出问题。同时，教师应有意识地指导学生提问的方法。例如，可以从类推、比较、换位、逆向等角度去思考，进而提出问题，也可以就书本上看不透的、练习中不会做的、课堂上未听懂的内容提出问题，而学生提出的问题或困惑也是教师二次备课的依据。

（5）家长签阅。争取家校合作的力量，通过家长有效监控学生自主学习的过程，在初级阶段，提高孩子自主学习的效率，逐步提高孩子学习的自觉性与责任心。"预习案"的编写要求如下：首先内容必须紧扣新课的重点、难点，不能太散；其次，数量要少，篇幅控制在16开的一个版面，形式要简单，易操作，要编写人人都必须牢固掌握的知识点，并易于检测出学生自主学习中存在的问题；最后，教师的课堂讲解要与检测的内容相关，这样才会有针对性。

2. 以学定教，进行二次备课

教师应该把预习案这一学生预习的结果好好利用起来，在上课之前，以书面的形式检查测试学生的预习情况。在检查测试时，教师应做到灵活自如，既能提前把学生的"预习案"收起来再批改，又能在课上用投影的方式展示学生的"预习案"，还能直接用问答的方式对学生的"预习案"提问。教师应该依据检查测试的结果及时地修改或调整教学活动，依据学生们的预习效果为学生讲解他们自己努力也无法解决的难题或者仍然模棱两可的知识点；教师应该牢牢地把学生自身的"领悟"与自己的"讲解"结合起来，为学生讲解困难的、重要的、容易考的、容易错的以及容易漏的知识点。教师还应该避免两种极端行为：第一，无论学生自主学习得如何，全部的知识点都逐字逐句地讲解。第二，课堂上一字不提学生自己学习过的知识点。教学期间，教师不再讲学生已经学会的内容，对学生容易失误的或者不会的知识点做主要的讲解，依据学生的自主学习情况设置教学内容，做到不仅认同学生的自主学习成果，还要认同不同学生之间存在的学习差异。

（三）实施自主学习，合理评价

从学生的角度看，学习评价应该对学生的发展与学习有帮助，发挥出主要的几种功能，如及时反馈、令人反思、达到自我激励与自我管理的目的。教师要做到连续不断地在学生的学习期间做出全面具体的评价，评价的具体内容应该让学生明白重要的是哪部分知识点、能力和技能，这样做不仅能让学生清楚自己当下的学习如何，还能让他们及时反思自己的学习方法。比如,自己应该在哪些知识点上继续下功夫、做更深层次的思考,需不需要改变或调整自己的学习方法等。教师对学生的学习过程进行系统全面的评价,对学生的学习和生活的方方面面产生积极影响,使学生能及时调节自己。再如,这样做能让学生的学习目标更加清楚和确定,让学生主动把学习的责任承担起来,学习时能更加自觉,还能对自己的学习进行自我管理;教师为了让学生有意识地强化自己的长处、把学习中的错误改掉,而积极有效地引导。在对学生的自主学习进行评价时,评价的标准应是"以人为本",着眼于学生的能力发展,面向全体学生,承认学生的个体差异,使这样的激励性评价有助于让每一个学生体会成功的快乐,体验成功的过程,使评价成为学生进一步自主学习的动力。同时,教师要引导学生进行学生间的互评及自我评价,让学生在自我评价中发现问题,学会自我纠正问题,总结经验教训。总而言之,正确的评价应该为学生自主学习能力的发展服务。

二、中学数学教学中的合作学习方法

(一)合作学习的基本特征

合作学习不仅是一种教学形式、教学方法,还是一种教学技术、教学策略,也是一种学习环境。合作学习具有以下特征:

第一,合作学习可以被看作一类依托学习兴趣小组而开展的探讨式教学活动。合作学习是借助学习小组来开展的,学生以学习小组为单位,在学习小组内共同协作开展学习活动,完成学习任务。

第二,合作学习实现的动力基础是教学活动中存在的诸多动态因素,是一种资源优化配置的教学模式。合作学习是一种活动者之间互相合作、互相帮助的教学活动,在活动中合作者不是静态死板的,而是动态灵活的。

第三,合作学习也可以被认为是一类具有明确目标的实践型教学任务。合作学习不是没有目标的教学活动,而是合作者有共同的合作目标,并且为了实现这一目标而共同努力的教学活动。为了达到共同目标,合作者互相合作、互相帮助、互相协调,共同完成合作任务。

第四,合作学习注重的是学生真实成绩的奖励,并将其作为教学活动实践效果的依据。没有成绩作为奖励,学生的合作学习就会成为一盘散沙,合作学习就会失去动力,因此合作学习是一种以成绩为奖励依据的教学活动。

(二)合作学习的前提条件

合作学习是一种理想教学模式,若要实行并达到很好的学习效果,必须具备一定的前提条件。

第一，要求学生必须具备高度的自觉性。所有参加合作学习的学生都必须具有高度的自觉性，知道学习的意义，可以自觉参与学习，并积极配合、互相合作，共同为实现合作学习的目标而努力。

第二，明确参与合作学习的目的。参与合作学习的主要目的就是提高学习效率，每个参与其中的学生都必须明确。合作学习是一种创新的、先进的学习理念，通过合作学习能够提高教学效率，而且只有合作学习才能提高教学效率。

第三，必须具备合作学习的技能。参与合作学习，除了要提高学习效率，还要提高学生参与合作学习的技能。学生通过合作学习互相交流、互相学习、互相合作，在合作学习的过程中学会并不断地提高合作技能。

（三）合作学习的具体形式

合作学习有很多种形式可供选择，可以是教师之间的合作，可以是教师和学生之间的合作，也可以是教师与教师之间的合作，再或是全员合作，其最终目标都是提高数学教学的效果。

第一，学生和教师的合作学习。这种合作学习的模式注重学生与教师要共同参与到学习中，教学期间，教师不仅要做到将学生学习的主动性和积极性充分调动起来，把学生的主动性与自主性激发出来，积极引导学生展开思维去思考，将学生的创造性充分发挥出来，让学生更好地学习与发展，还要做到给予学生充分的信任、尊重、理解与欣赏。这也对教师自身的发展有帮助，能让教师在教学期间持续不断地把自己的内涵和素养提起来，及时地改进教学的方式方法。到目前为止，这种教学方法依然适用于绝大部分的课堂。

第二，学生和学生的合作学习。当前，全世界主要研究的合作学习方法就是此种合作学习模式，代表人物有美国的斯莱文和约翰逊兄弟以及以色列的沙伦。这种模式不仅解决了传统教学课堂中的学生不能相互合作学习的问题，对学生之间的合作和互动给予足够的重视，把特点为学生与学生合作互动的教学模式构建出来，而且通过小组的合作互动实现了课堂教学的全体目标，从而良好地平衡和协调学生在群体与个体间的能力与知识。现如今，这种合作学习的模式已经成为全国教学最主要的方式，在绝大多数的学校中都能看见。

第三，教师和教师的合作学习。为了把教学的整体效果提升起来，这种合作学习的模式需要不同科目或者相同科目的教授互相帮助与协调。其来源于20世纪80年代末期的美国，是基于主要代表为合作授课的实践与理论、教师与教师间缺少合作与交流的状况而提出的，强调在课堂授课中应该有两个或者两个以上的教师互相配合。如果有两个或者两个以上的教师在课堂上互相配合，教师间就能互补，让教学内容更合理、更完善。因为不一样的教师有不一样的想法，处理同一个问题时可能会有不同的角度和看法，教师之间互相补充、互相启发，可能会产生全新的智慧结晶，这不仅能把教师的思维打开、把教师的视野拓宽，还能将教师的教学质量与水平提起来，充分体现合作学习的重要性。但由于教师资质、人员素质以及人员数量等多种多样的局限，大部分学校都做不到教师和教师的合作学习模式。

第四，全员合作。全员合作是一种完美的合作学习状态，我们正在进一步地研究这个问题，即如何把课堂上的小组合作学习与班主任的班级管理、与学校的德育、与家长的家庭教育、与社会的社区活动、与我们的研究性学习等都结合起来，让它发挥出更加高效、更加理想的完美作用。

（四）合作学习的应用策略

合作学习的教学模式在初中数学课堂教学上的应用，经过不断探索和完善，基本达到了预期的教学效果。在具体实践过程中应结合调查研究过程中发现的问题制定解决策略，使合作学习的教学模式得到进一步完善。

1. 指导教师明确合作学习理论

每一项课堂改革的成功实施都离不开坚实的理论基础。教师对一种理论理解得是否深入，往往会对教师的教学观念产生深远的影响，教师的教学观念又会表现在教学行为上。教师应该深入理解有关合作学习的基本理念、基本含义、基本方法和应用条件等，这种理解并不只是在理论上或者思想上对合作学习进行单纯的拿来，也不只是对国外合作学习进行简单的克隆，而应该是建立在消化吸收的基础上进行创造性的使用，并在实践中不断创新完善。只有经过积极深入的理解和融会贯通，合作学习的根本精髓才能够被教师所掌握，在教师的指导下，学生才能真正领会合作学习的学习方式，并更好地参与合作学习。

2. 创建科学的合作学习小组

（1）科学分配小组。

第一，合理确定小组人数。合作学习小组人数的多少直接影响到合作学习的质量，合作学习的小组人数以4～6人最为适宜，尤其以4个人最好，我校每班人数在40～45人，所以每班可以分为约10个小组。因为如果人数太多，讨论时隔得太远、交流时用的时间过多，将不利于学生之间的相互交流和学生个人才能的充分展示；如果人数太少，不同意见就会比较片面，很难碰撞出智慧的火花，也将不利于学生之间的相互交流和互相帮助。有时候学生碰到难度比较大的问题，单凭一个小组的力量可能得不到解决，需要向其他小组求助。为了便于解决这样的问题，可以把两个小组靠在一起，这样就形成了五大队方阵，可以把每侧的学生进行强弱搭配，方便学生间的相互交流和合作。在教学中，教师还可以根据教学的需要调整小组的人数，以达到合作学习的最佳效果。

第二，小组划分的原则科学合理。合作学习小组的划分是否合理，直接关系到合作学习的积极性，因此合作学习小组的划分应该坚持科学合理的原则，那就是分组要遵循"组间同质，组内异质，优势互补"的原则。首先，教师要了解学生的情况，综合学生各方面的差异，考虑到学生学习成绩的差异、思维方式的不同、性格能力的不同、性别的差异、家庭情况等。这既有利于小组成员之间取长补短、优势互补，也有利于各个小组站在同一起点，做到公平竞争。如何科学合理地划分小组、发挥出小组合作学习的最大优势，也是一门学问，而且小组的划分也不是一成不变的，还要根据出现的不同问题及时地做好调整工作，使小组的划分更加科学合理。可是无论怎样划分，总有小组要弱势一些，有小组稍微强势一些，为了均衡，可以采用强势小组和弱势小组在座位上互相搭配的原则，组成五个大组，使他们互相帮助，共同进步。

(2) 组员分工明确。合作学习要想取得成功，明确的组员分工是少不了的，因为组员只有明确了自己的责任才能各司其职，互相分工合作，共同完成合作学习的任务。否则这个合作学习就会没有秩序、没有效率，达不到良好的效果。

一般而言，合作学习小组内可以设小组长、检查员、记录员、汇报员各一名。小组长的责任最重大，所以开始的时候要选择组织能力强、责任心重、学习成绩优秀的学生担任，以起到模范带头的作用。等大部分学生熟悉了合作学习的要求以后，就可以培养其他学生轮流担任了。小组长的主要职责包括：对合作学习小组的组员做出合理化分工，并有组织地开展探讨活动；鼓励组员积极参与小组活动，积极发表自己的意见和建议；总体把握合作学习的过程和时间；整合小组讨论的有关建议和观点，并促使小组内取得统一意见。小组长职责的落实是保证合作学习有序进行的保障，其他成员也有各自的职责。

(3) 培训小组长。教师要把小组长的选择和培养作为组建小组后的首要任务。在合作学习刚开始的时候，由于学生对于合作学习的模式、过程以及注意事项还不够清楚，还缺乏合作学习的有关技能和意识，这时小组长应该选择那些组织能力强、责任心重、学习成绩优秀的学生担任，让他们起到模范带头作用。小组长选好后还要对他们进行集中培训，让他们尽快掌握合作学习的技能和组织领导小组成员合作学习的基本技能等。开始的时候，小组长可能一时达不到要求，这就要靠教师的及时指导和培养，帮助他们逐渐掌握有关的技能。教师可以成立小组长沙龙，及时了解他们在合作学习中碰到的困难和一些意见、建议等，鼓励他们一起想办法解决问题，再辅以教师的指导，提高他们的管理能力。例如，为了让家长协助班级管理，小组长想到由他们向家长汇报小组成员在小组内的表现情况，收到了很好的效果。为了合作学习的长远发展，为了调动学生的积极性，给每个学生锻炼的机会，一批小组长培养出来以后，就要着手培养新的小组长，最终要达到使小组内的成员能够轮流担任小组长的目的。新小组长的培养有原来小组长的示范作用和协助培养就要省事多了。负责、合格、得力的小组长保证了合作学习的顺利开展。

3. 教师参与合作学习的有效性

（1）教师应做到明确提出对学生合作学习的要求。在课堂上，教师明确的要求是学生合作学习的基础，是不可或缺的，能够保障合作学习的质量。部分教师在课上开展小组合作活动时不会参与到学生中间，仅仅发布一声"开始"的号令。然而合作学习过了很长时间之后，教师才意识到学生在合作学习时并没有按照自己的想法开展，活动也没有任何效果，才连忙让学生的合作学习停下来，再次提出学习的要求，但学生的注意力已被打断，即使此时提出要求也无济于事。

（2）教师应做到引导学生学会怎样提出问题。学生在数学课的合作学习期间，对合作学习的效果和质量产生影响的因素有很多，如怎样把小组提出的问题做归纳总结，学生提出的问题是否有效、有代表性、有价值。另外，应该提出那些小组多数成员都不懂的问题；提出那些小组内意见相左的问题；提出那些同一道题有不同解法的问题，并让全班同学共同讨论；提出那些小组内已经都明白的但是具有一定规律的问题；提出那些小组内都会失误的典型问题。

（3）教师应做到参与学生小组活动。学生在开展合作学习时，教师应该做到参与学生的小组活动，观看和分析班里所有小组学习的进度与情况，与不同小组的学生沟通，了解他们的想法和思路，掌握所有小组的学习情况。

第四节 新课程背景下中学数学高效课堂教学方法

一、精心备课，为高效课堂的开展奠定基础

新课改下的中学数学的主要环节就是上课，而上课的前提条件是备课，因此，教师若想把课备好，为课堂打好基础，就务必要做好以下工作：

（1）对教材要仔细研究，把握好教学内容。数学教师在上课前应该对参考书、教科书以及教学大纲等教材进行仔细深入的研究，研究教材都要经历一个比较深入的过程，因此通常务必要经历三个阶段，即懂教材、吃透教材以及化思想。懂教材指的是要彻底弄清教材中基本的定义和思想；吃透教材指的是要对教材的难点和重点知识、结构以及知识的思维逻辑有深刻的理解，能灵活运用那些知识，明白教学期间应该补充哪些知识点让学生学得更深入；化思想指的是能把教材与教师的思想合理地结合到一起。

（2）要深层次地了解学生。中学的数学教师既要对学生之前掌握的技能、兴趣和知识有一定的了解，又要对学生学习过程中的习惯与方法有清晰的认识，还要以此为前提，判断和预测学生在学习新知识时可能会遇到的难题并采用积极的方法应对。

（3）选择教学方法时要合理。合理选择教学方法指的是教师要明白并解决自己怎样才能把自己掌握的知识教授给学生。也就是教师要清楚应该用什么方法组织教学活动、怎样安排教材、怎样把上课的类型确定下来等。除此之外，教师还需要研究学生的学习方法，即课前预习、课上学习以及课后练习等。

二、营造和谐的人际关系，为高效课堂提供氛围

建立融洽和睦的师生关系无论对教师的教还是对学生的学都是非常必要的，因为这样会使学生有一个愉快的学习情绪，会激起学生的学习兴趣，尤其是数学教师，因为任课时间少，和学生交流的机会少，很容易给学生留下呆板严肃的印象，若学生觉得教师令人害怕，那就不喜欢上他的课，所以在平时的课堂中，教师应多与学生交流、亲近，与学生建立民主和谐的关系，这样学生才可能喜欢这名教师，喜欢数学这门课程，并对这门课程产生兴趣，教师的课堂效率也会随之提高。

三、以学生为主设计教学活动，为高效课堂提供保障

在新课改下，课堂主要的参与者为学生，教师应该清楚地认识到学生的学习是由眼睛、手和大脑相互协调配合进行的，主要为操作的课程能缩短中学生和学习内容之间的距离，让中学生能开始直接学习。比如，教学期间，教师应该让学生自己操作数学中的对称图形、全等图形等相对简单的活动，让学生愿意主动参与到课堂教学中，保证课堂能活跃有效。

四、重视教学过程，推动高效课堂的不断发展

在中学数学教学中，教学过程很重要。学生对新知识的理解、巩固不可能一步到位，始终处于一个发展、动态的过程，所以，作为教师，须根据学生的身心特点灵活选择教法，重视教学过程，让学生轻松掌握所学知识。

（1）为课堂教学精心设计教学情境。设计教学情境的目的不是让教师在公开课中表现自己，而是让教师更好地服务于高效课堂。在中学的数学教学期间，数学教师若想在课堂教学中设计出好的教学情境，需要通过教学的知识与内容的可塑性，有计划、有目标地把数学的教学情境设计出来，教学情境不仅要符合实际生活，还要和有关科目的学习内容有关，同时应该考虑到学生的学习情况，根据课程内容来设计。在学习新知识的课堂上，如果设计的教学情境中的问题足够生动有趣，则会激发学生的学习兴趣。在做练习题的课堂上，如果设计的教学情境中的问题足够开放，则会激励学生打开思路主动思考，学生之间还会展开激烈的讨论。

（2）在课上提问有用的问题。如果教师提出的问题是有效的而不是死板机械的，那么，学生就会始终跟着教师的思路思考，这种方法不仅给学生的学习发展提供了充足的机会，

还给教师提供了有效的提问机会和引导学生思考的机会，能把学生的学习兴趣激发出来，让学生开展积极的讨论，把教学的效率发挥到最大。

总而言之，在新课程背景下，课程改革的核心就是课程实施，实施的基本途径是课堂教学。对于数学这门学科来说，教师作为课堂教学的主要参与者，也是课堂教学过程中不可缺少的引领者。在教学实践中，教师的教学方法、教学风格乃至教学理念对课堂教学质量都有很大的影响，所以作为中学数学教师，应积极投身课堂教学，用自己的眼光发现问题，用自己的思考分析问题，用自己的智慧解决问题，使学生对数学有兴趣，提高课堂教学效率，给学生节省更多的学习时间，以期学生能提高学习成绩并得到全面发展。

参考文献

[1] 曹一鸣,于国文. 中学数学课堂教学行为关键性层级研究[J]. 数学教育学报,2017,26（1）:1-6.

[2] 陈传东,赵兰,王浪."双减"背景下初中数学作业的批改与辅导[J]. 教学与管理（中学版）,2022（4）:39-41.

[3] 陈算荣,庞佳. 中学数学教学研究三十年概况与热点追踪[J]. 教学与管理（理论版）,2022（8）:42-46.

[4] 陈兆国. 核心素养视域下初中数学教学研究[M]. 沈阳:辽海出版社,2019.

[5] 陈焰. 基于深度教学理念的初中数学课堂教学实践[J]. 数学学习与研究,2022（18）:27.

[6] 程金元. 中学数学探究性学习的几个辩证关系[J]. 教育理论与实践,2016,6（17）:58-60.

[7] 冯国玉. 构建初中数学高效课堂[J]. 现代中小学教育,2012（3）:78

[8] 胡军,詹艺,严丽. 面向初中数学课堂的高阶思维内涵框架构建[J]. 课程•教材•教法,2022,42（3）:106-114.

[9] 胡晓晓. 基于翻转课堂的深度学习模式研究[J]. 教育现代化,2019,6（16）:158-160.

[10] 胡勇,黄龙,周志朝. 中学数学教学设计与应用技巧[M]. 长春:吉林人民出版社,2019.

[11] 李崇. 初中数学生长点教学探究[J]. 中学数学教学参考,2022（3）:8-10.

[12] 李代凤. 中学数学"问题引导教学"探究[J]. 当代教育论坛,2011（3）:86-87.

[13] 李明霞,李建国. 学生为本与高效课堂[M]. 北京:中国轻工业出版社,2015.

[14] 李松林. 回归课堂原点的深度教学[M]. 北京:科学出版社,2016.

[15] 李卫华. 中学数学教学思维与创新[M]. 天津:天津人民出版社,2019.

[16] 李晓琴. 学习迁移理论在中学数学教学中的应用[J]. 教育理论与实践,2017,

37（2）：60-61.

[17] 李琰. 数形结合思想在初中数学习题教学中的实践与思考［J］. 现代中小学教育，2022，38（5）：38-42.

[18] 罗新兵，李三平，中学数学教师教学技能［M］. 西安：陕西师范大学出版社，2012.

[19] 莫忆遐. 中学数学的美育教学初探［J］. 内蒙古师范大学学报（教育科学版），2011，24（10）：141-143.

[20] 潘金城，王华."情境—问题"视角下初中数学单元整体教学建构［J］. 教学与管理（中学版），2022（5）：41-44.

[21] 裴贤喜. 创设情境在中学数学课堂教学中的应用［J］. 现代中小学教育，2011（7）：44-45.

[22] 石端银，张晓鹏，李文宇."翻转课堂"在数学实验课教学中的应用［J］. 实验室研究与探索，2016，35（1）：176-178，233.

[23] 王粉粉，赵华新. 新课程背景下中学数学高效课堂教学策略探究［J］. 亚太教育，2016（3）：27.

[24] 吴妮. 初中数学核心素养的构成要素研究［J］. 现代中小学教育，2021，37（2）：27-30.

[25] 武丽虹. 初中数学教学设计的困境及改进［J］. 教学与管理（中学版），2021（7）：49-51.

[26] 夏林丽，颜宝平. 中学数学学业质量评价的现实问题与实践路径［J］. 教学与管理（理论版），2021（12）：113-116.

[27] 夏兆阳. 中学数学教学与管理研究［M］. 西安：世界图书出版西安有限公司，2017.

[28] 辛海鹏. 新课程标准下的中学数学教学反思［J］. 高考，2019（27）：88.

[29] 叶鸿斌. 数学新课程教学中学生思维的激发与引导［J］. 语数外学习（数学教育），2012（8）：81.

[30] 于娟. 新课程理念下游戏化教学模式在中学数学课堂中的运用［J］. 才智，2020（13）：72.

[31] 张俸保，温定英. 双导双学：指向核心素养培育的教学模式［M］. 重庆：重庆大学出版社，2018.

[32] 张武. 新课程背景下提高初中数学课堂教学有效性的策略［J］. 学周刊，2022（7）：155.

[33] 张宗龙. 初中数学教学与管理研究［M］. 西安：世界图书出版西安有限公司，

2017.

[34] 赵爱波. 初中数学学法指导策略 [J]. 现代中小学教育, 2012 (1): 41-42.

[35] 赵思林, 潘超. 中学数学教师核心素养及构成要素 [J]. 数学教育学报, 2021, 30 (2): 48-54.

[36] 赵伟军. 基于翻转课堂教学模式的初中数学教学探讨 [J]. 数理天地 (初中版), 2022 (15): 60.

[37] 周朝正, 吴先勇. 多元智力视域下的中学数学教科书要素研究 [J]. 教学与管理 (理论版), 2016 (5): 84-87.

[38] 周月玲, 曾彩香, 陈雪霞. 初中数学翻转课堂教学模式研究 [M]. 长春: 吉林人民出版社, 2020.

[39] 祝艳艳. 探讨新课程改革下的中学数学情境模式教学 [J]. 课程教育研究, 2018 (8): 143.

[40] 邹楚林. 浅谈中学数学教材的编辑创新 [J]. 出版科学, 2013, 21 (6): 28-29.